《论语》纲要

从道理到定理

钱宁 著

生活·讀書·新知 三联书店

图书在版编目（CIP）数据

《论语》纲要：从道理到定理 / 钱宁著. —北京：
生活 · 读书 · 新知三联书店，2019.3
ISBN 978－7－108－06440－0

Ⅰ. ①论… Ⅱ. ①钱… Ⅲ. ①儒家②《论语》－注释③《论语》－译文
Ⅳ. ① B222.2

中国版本图书馆 CIP 数据核字（2018）第 303235 号

责任编辑　李静韬
装帧设计　康　健
责任印制　徐　方
出版发行　生活 · 讀書 · 新知 三联书店
　　　　　（北京市东城区美术馆东街 22 号 100010）
网　　址　www.sdxjpc.com
经　　销　新华书店
印　　刷　北京隆昌伟业印刷有限公司
版　　次　2019 年 3 月北京第 1 版
　　　　　2019 年 3 月北京第 1 次印刷
开　　本　880 毫米 × 1230 毫米　1/32　印张 7
字　　数　139 千字
印　　数　0,001－6,000 册
定　　价　38.00 元
（印装查询：01064002715；邮购查询：01084010542）

目录

序言　一孔之见……1

上篇　纲目与疏证　1

第一章　仁：一种价值观……3

1. 仁："爱人"。仁者之爱，不是爱，是"忠"和"恕"……4
2. 忠："言思忠。"即说真话，底线是"勿欺"……4
3. 恕："己所不欲，勿施于人"，关键在"勿施"……7
4. 忠之"勿欺"，恕之"勿施"，皆"有所不为"，是"克己"，亦是"知止"……7
5. 仁，在不同社会关系中呈现不同形态，"忠恕"贯穿其间……10
6. "仁政"的"四项承诺"：好的君王——以德治国；好的治理——贤能政治；好的生活——小康社会；而核心是不滥用暴力——不嗜杀……11

[illegible]论……17

2. “空空如也”——事物本质空无，只有置于关系中才能显现……18
3. “叩其两端”——事物本质取决于关系的“两端”，需从“两端”去理解……19
4. “竭焉”——事物本质受“两端”限定，推演到“极端”才能看清……19
5. 孔子的“两端法”是理解其核心观点的逻辑密匙……20
6. “两端法”与“一分为二”论同中有异，并行不悖，是“儒家辩证”……22
7. 儒家的“格物致知”——理，不在物亦不在心，而在物与心之间……22

第三章 “用其中”：天、人之间的中庸思维……24
1. 天人之道，介于天道、人道之间……25
2. 天人之道，即“中庸”——“执两用中”……27
3. “用其中”是在“两端”之间找到“度”……28
4. “中庸”的挑战：量化和算法……30
5. 中庸，即传承千年的所谓“圣贤之道”……31

下编 专题与散论 33

第一章 仁：一种价值观……35
孔子心中的问题……
忠，就是说真话……

目录

序言　一孔之见……1

上篇　纲目与疏证　1

第一章　仁：一种价值观……3

1. 仁："爱人"。仁者之爱，不是爱，是"忠"和"恕"……4
2. 忠："言思忠。"即说真话，底线是"勿欺"……4
3. 恕："己所不欲，勿施于人"，关键在"勿施"……7
4. 忠之"勿欺"，恕之"勿施"，皆"有所不为"，是"克己"，亦是"知止"……7
5. 仁，在不同社会关系中呈现不同形态，"忠恕"贯穿其间……10
6. "仁政"的"四项承诺"：好的君王——以德治国；好的治理——贤能政治；好的生活——小康社会；而核心是不滥用暴力——不嗜杀……11

第二章　"两端"：孔子的方法论……17

1. "两端法"的三个要点："空空如也""叩其两端"和"竭焉"……17

2. “空空如也”——事物本质空无，只有置于关系中才能显现……18
3. “叩其两端”——事物本质取决于关系的“两端”，需从“两端”去理解……19
4. “竭焉”——事物本质受“两端”限定，推演到“极端”才能看清……19
5. 孔子的“两端法”是理解其核心观点的逻辑密匙……20
6. “两端法”与“一分为二”论同中有异，并行不悖，是“儒家辩证”……22
7. 儒家的“格物致知”——理，不在物亦不在心，而在物与心之间……22

第三章 “用其中”：天、人之间的中庸思维……24
1. 天人之道，介于天道、人道之间……25
2. 天人之道，即“中庸”——“执两用中”……27
3. “用其中”是在“两端”之间找到“度”……28
4. “中庸”的挑战：量化和算法……30
5. 中庸，即传承千年的所谓“圣贤之道”……31

下编 专题与散论 33

第一章 仁：一种价值观……35
孔子心中的问题……35
忠，就是说真话……37
重要的，不是爱，是恕……40

恕：从道理到定理……42
与孔子讨论“平等”……45
自由如何“不逾矩”？……48
“两难”中怎样取舍?……51
说“孝”……53
民主，不仅仅是“多数”……55
从“不为”到“知止”……58
“仁政”的设计缺陷……60
“专制”，还是“共治”？……61

第二章 “两端”：孔子的方法论……65
孔子的方法论……65
人之初，性本无……69
寻找“真我”……72
“好人”，还是“坏人”？……74
平庸之恶 VS. 伟大之恶……75
“格物”如何“致知”？……78

第三章 “用其中”：天、人之间的中庸思维……81
《论语》中的“道”……81
孔门未传之学……84
“中庸”是做出抉择……86
寻“度”……88
《周易》是“中庸”的量化和算法……91
“圣贤之道”为何“无用”？……96

结语 “新孔学”的可能性……99

附录1 《新论语》原文……104
附录2 《论语》原文……167
附录3 引文及参考书目……212

序言

一孔之见

本书是《论语》的释读之作，也可视为《新论语》* 续篇。《新论语》通过原文重构以呈现孔子学说的内在逻辑，注译之外，未敢多加论述；本书则对孔子思想的核心观点进行了整体性阐释，一些发现和看法，虽不免疏浅，却似前人未言，是书中会意用心之处。

《新论语》出版后，我常想这样一个问题：《论语》中有许多“道理”，这些“道理”能否发展成为“定理”？定理可以实践验证，反复运用，并能进一步推演出更多的论断。如果不能，只能说明这些“道理”过时了或不具备“普世性”。

沿此思路，我尝试着将《论语》的“道理”做定理化表述，从孔子学说的“仁”“忠恕”等重要概念入手，通过经典章句的语义分析，解析相互关系，在简单陈述的“箴言”中，寻找出更深一层的逻辑判断。探索过程中，时有令人惊喜的发现，《论语》就像一座矿山，富含“道理”的土壤里，蕴藏着丰富的“定理”宝矿。

这又引出另一个问题：孔子学说如此深刻和系统，一定会有自己的方法论吧？伟大思想家都有自己的方法论，没有方法论的思想家，不会有思想体系，只会有思想火花。如果没有自己的方法论，孔子的思想就形成不了学说，《论语》也只能是一部“思想火花集”。

的确，孔子有自己的方法论，这在《论语》中有过明确阐

* 参见《新论语》，孔子述，孔门弟子撰，钱宁重编，生活·读书·新知三联书店，2012年6月第1版。

述。《子罕篇》中，孔子解释了认识事物的“两端法”，这是深入理解其学说的关键。以其方法，反观其说，就会发现，“两端法”体现在孔子学说中所有的重要观点里——仁之忠恕、性之善恶、礼与法、君子和小人等等，孔子说自己“一以贯之”，诚哉斯言！

这时，另一个在心里盘桓很久的问题也浮现出来：在孔子“仁”之说和“两端法”的背后，是否还有更高更深的“道”？

答案是肯定的。孔子一生都在寻道。“子曰：‘朝闻道，夕死可矣。’”（《论语·里仁 8》）而他“五十以学《易》”，也是为了“悟道”。

道理者，若其理不成“定理”，便不是“理”；若其理之上没有“道”，也成不了“道理”。

那么，孔子学说中的“道”是什么呢？在这方面，《论语》只留下只言片语。子贡说：“夫子之文章，可得而闻也；夫子之言性与天道，不可得而闻也。”（《论语·公冶长 13》）由此可推断，孔子学说中的“道”，就是关乎“性与天道”的“天人之道”。

孔子的“天人之道”，可以说是孔门未传之学，不过，探究其“道”，似可另辟蹊径。孔子晚年有关“性与天道”的论述，虽然“不可得而闻之”，但据子贡的说法，其最终思考集中在“性与天道”之间的关系上。如果以“性与天道”为起点，以其“两端”方法论为指引，通过推演，还是有可能一窥“天人之道”的奥秘。简言之，就是以其说寻其法；再以其法探其道。这一路径，让我们有可能抵达孔子学说中高深之处，也就是传说中千年传承的“圣贤之道”。

就内容而言，此书分为三个部分。

第一部分：阐释了孔子的仁学。通过分析仁、忠、恕、不为、克己、知止、礼、仁政等核心观点的内涵，发现其相互之间的逻辑关系和深层意义，并推导出一些定理性判断。这一部分内容构成了孔子学说的价值观。

第二部分：讨论了孔子学说的“两端”方法论。孔子的思想，既反“异端”，亦不取“一端”，而是立于“两端”。“两端法”是其学说的立论基础，也是解析问题的利器。

第三部分：探讨孔子的“天人之道”。孔子的“天人之道”，是“两端法”的进一步推演和应用——如何在“人道”和“天道”之间“执两用中”，即“中庸”之道。中庸者，中用也，是在“两端”之间做出抉择。这是孔子的独特思维方式，也是儒家文化的最高智慧。

就体例而言，书中内容分为两类。

一是“纲目与疏证”，主要是《论语》核心观点的归纳和思想脉络的整理，并以传统疏证的方式进行文献引证。

二是“专题与散论”，就特定论题进行的解析和评述，既是学术探讨，也有点像“思想实验”——将孔子学说中的价值观、方法论和天人之道试用于实际问题的分析，倒不是想为诸多社会问题寻找完美的解决方案，而是想看看孔子学说在现代文明的冲压、锻造下能否还有思想锋芒。

总之，全书内容可以概括为“一仁，两端，三用中”——从

“仁”的核心价值观，到“两端”方法论，再到“用其中”的中庸思维。

如果说《新论语》为《论语》增加了一个新的读本，希望这本《〈论语〉纲要》也能为孔学提供一种新说。

初读《论语》时，有子贡“夫子之墙数仞”一般的观感，里面有“宗庙之美，百官之富”，只是“不得其门而入”(《论语·子张 23》)；如今再读《论语》，更多的是颜渊“仰之弥高，钻之弥坚。瞻之在前，忽焉在后！”的感受，其慨叹是“如有所立卓尔，虽欲从之，末由也已！”(《论语·子罕 11》)——面前如有高山耸立，虽想攀登而上，却找不到一条路啊！

孔子之学如山，山峰在云雾之间，时隐时现，一些地方依然人迹罕至，要想攀登，只能自己寻路而上。一路走来，没有多少“道路自信”，只有一点寻险探奇之心，自以为，即使走了弯路、错路，也算为后来者留下一些诸如“前方危险”或是“此路不通”之类的标识和警示。

因此，本书属于“一孔之见”——读者可以将其理解为“一种关于孔子的个人见解”。

2017 年 12 月 31 日

上篇

纲目与疏证

第一章　仁：一种价值观

如果有人问：孔子一生思考的中心问题是什么？我想，应该是人与人之间的关系。

人与人之间的关系，是一切人类社会问题的根源。它决定了家庭、乡邻、城市等生活形态；决定了奴隶制、君主制、议会制等社会制度；决定了和平抑或战争，合作抑或冲突等历史进程；博爱、平等、自由等衡量人类文明的最终尺度也必须落实于人与人之间的关系。

人与人之间应该具有何种关系？孔子的回答是"仁"。孔子学说以"仁"为核心，而《论语》就是一部"仁论"。基于这一思路，《新论语》以重构的方式展现孔子学说的内在逻辑——"仁"的定义和内涵、呈现形态、外化形式、求取途径、践行方式，以及各种案例的探讨和阐释。

孔子之"仁"，其主要观点及内涵，可以归纳如下：

1. 仁："爱人"。仁者之爱，不是爱，是"忠"和"恕"

1.1 **仁，是人与他人之间的一种关系**。《论语·颜渊22》："樊迟问仁。子曰：'爱人。'"（《新论语》1.1*）这是孔子对"仁"的定义。"仁"字由"人"和"二"组成，《说文解字》释"仁"为"从人从二"，可以为证。**爱人，即视他人为同类，友善待之**。"愛"之有"心"，"爱"之有"友"，繁简之体，亦可参照。

1.2 **仁之爱人，源自内心**。《论语·述而30》："子曰：'仁远乎哉？我欲仁，斯仁至矣。'"（新1.8）又《论语·颜渊1》："为仁由己，而由人乎哉？"（新1.9）孟子发扬其说："人皆有不忍人之心。"又说："恻隐之心，仁之端也。"（《孟子·公孙丑上》）同理，"不仁"亦源自于内心，故孟子言"性善"，荀子言"性恶"。

1.3 **仁的内涵是"忠"和"恕"**。《论语·里仁15》："子曰：'参乎！吾道一以贯之。'曾子曰：'唯。'子出，门人问曰：'何谓也？'曾子曰：'夫子之道，忠恕而已矣。'"（新1.2）《中庸》亦有言："忠恕违道不远。"（《礼记·中庸》）**孔子学说以"仁"而"一以贯之"，仁之两端是"忠"和"恕"**。

2. 忠："言思忠。"即说真话，底线是"勿欺"

2.1 **人与人之间的信任关系始于说真话**。《论语·季氏

---

* 《新论语》1.1 指的是《新论语》的第一章第一节，为简洁计，后文以新代替书名：新 1.1 即指代《新论语》第一章第一节，依此类推。

10》："言思忠。"（新 2.68）忠与直言相关。《论语 · 宪问 7》："忠焉，能勿诲乎？"（新 1.3）忠于所亲之人，即能对其直言劝导。《论语 · 学而 4》："为人谋而不忠乎？"（新 8.13）忠于所托之事，即谋事之时能讲真话。**人与人之间最好的关系也是相互可说真话的关系，即"以诚相待"**。《说文解字》释"诚"，"信也，从言成声"；释"信"，"信也，从人从言"。"诚"由言而成，"信"因言而信。

2.2　**说真话不易，故君子"慎言"**。《论语 · 学而 14》："子曰：'君子食无求饱，居无求安，敏于事而慎于言。'"（新 2.52）俗语有"忠言逆耳"之说，言者真心诚意，听者未必欣然。《论语 · 里仁 18》："子曰：'事父母几谏。见志不从，又敬不违，劳而不怨。'"（新 1.28）劝告高龄父母，如同谏言君王，即使不听，也要"不怨"。《论语 · 颜渊 23》："子曰：'忠告而善道之，不可则止，毋自辱焉。'"（新 3.76）对友人也要好言相劝，并适可而止，不然会自取其辱。又有"祸从口出"之诫，说真话难免会有政治风险。《论语 · 宪问 3》："子曰：'邦有道，危言，危行；邦无道，危行，言孙。'"（新 3.62）邦国有道，可直言直行；邦国无道，需直行慎言。《论语 · 为政 18 》："子张学干禄。子曰：'多闻阙疑，慎言其余，则寡尤。'"（新 3.59）即使不在危邦，为官之道，亦在"慎言"。

2.3　**君子慎言，可以不言，不可谎言，底线是"勿欺"**。《论语 · 宪问 22》："子路问事君。子曰：'勿欺也，而犯之。'"（新 3.28）忠君之事，宁肯犯颜直谏，不可假话欺骗。《论语 · 子路 15》一章，鲁定公问孔子："一言而丧邦，有诸？"孔子回答：

“人之言曰：‘予无乐乎为君，唯其言而莫予违也。’如其善而莫之违也，不亦善乎？如不善而莫之违也，不几乎一言而丧邦乎？”（新 3.27）君王说错了，臣下仍用假话敷衍，可谓“一言而丧邦”。

2.4 **“大话”亦是一种谎言**。言过其实，君子之耻。《论语·宪问 27》：“子曰：‘君子耻其言而过其行。’”（新 2.58）又《论语·里仁 22》：“子曰：‘古者言之不出，耻躬之不逮也。’”（新 3.106）君子慎言，亦在不说“大话”。《论语·宪问 20》：“子曰：‘其言之不怍，则为之也难！’”（新 3.107）大言不惭，实现也难。《论语·颜渊 3》：“司马牛问仁。子曰：‘仁者，其言也讱。’曰：‘斯言也讱，其谓之仁矣乎？’子曰：‘为之难，言之得无讱乎？’”（新 1.21）**不说“大话”者，近仁**。

2.5 **说不说假话，是君子和小人的区别**。君子“讷于言”，但“言忠信”。《论语·里仁 24》：“子曰：‘君子欲讷于言而敏于行。’”（新 2.56）又《论语·卫灵公 6》：“子张问行。子曰：‘言忠信，行笃敬，虽蛮貊之邦，行矣。’”（新 3.92）小人“巧言令色”，结果是“巧言乱德”。《论语·学而 3》：“子曰：‘巧言令色，鲜矣仁！’”（新 1.5）又《论语·卫灵公 27》：“子曰‘巧言乱德。”（新 3.109）

2.6 **忠之“勿欺”，既不“欺人”，亦不“自欺”**。《论语·子罕 18》：“子曰：‘吾未见好德如好色者也。’”（新 3.98）貌似好德而非出自真心，即自欺也。《大学》发挥其义：“所谓诚其意者，毋自欺也，如恶恶臭，如好好色。”（《礼记·大学》）

3. 恕："己所不欲，勿施于人"，关键在"勿施"

3.1 **孔子将"恕"释为："己所不欲，勿施于人。"**《论语·卫灵公24》："子贡问曰：'有一言而可以终身行之者乎？'子曰：'其恕乎！己所不欲，勿施于人。'"（新1.4）其语又见《论语·颜渊2》之"仲弓问仁"一章（新1.10）。

3.2 **恕，是"己"与"人"之间的关系，以"不欲"为条件，通过"勿施"而实现**。"勿施"，即不强加于人。《论语·公冶长12》："子贡曰：'我不欲人之加诸我也，吾亦欲无加诸人。'"（新4.29）子贡之语，可为"勿施"之正解。

3.3 **恕的关键在于"勿施"**，由此可推导出三个判断：a. 在人与人之间的关系中，**"勿施"比"施"更重要**；b. 人与人冲突的化解，不是在"欲"与"不欲"上强求一致，**而是在"勿施"上取得共识**；c. "勿施"是主动的"不为"，**可以转化成为一种抗衡力量**。

4. 忠之"勿欺"，恕之"勿施"，皆"有所不为"，是"克己"，亦是"知止"

4.1 **忠之"勿欺"，恕之"勿施"，皆是"有所不为"**。《论语·子路21》："子曰：'不得中行而与之，必也狂狷乎？狂者进取，狷者有所不为也。'"（新3.71）故中道而行者，既能如狂者一样进取，又能如狷者一般有所不为。孟子说："孔子岂不欲中道哉？不可必得，故思其次也。"（《孟子·尽心下》）孟子又有

言："人有不为也，而后可以有为。"（《孟子·离娄下》）朱熹于此引程颐之释："有不为，知所择也。"（《孟子集注》）

4.2　**一个人的品质可从其"有所不为"来判断**。《论语·雍也14》："有澹台灭明者，行不由径，非公事，未尝至于偃之室也。"（新4.47）非公事，不去官邸拜谒，可知其贤。《论语·先进24》记子路和冉求在季府做事，有人问孔子，他们一定对季氏唯命是从吧？子曰，弑父与君，亦不从也（新4.18），这是"有所不为"的底线。《论语·公冶长10》："听其言而观其行。"（新4.44）**"观其行"，不仅要看其"为"，更要看其"不为"**。

4.3　**如何做到"有所不为"？方法是"克己"**。《论语·颜渊1》："颜渊问仁。子曰：'克己复礼为仁。一日克己复礼，天下归仁焉……'颜渊曰：'请问其目？'子曰：'非礼勿视，非礼勿听，非礼勿言，非礼勿动。'"（新1.9）勿视、勿听、勿言、勿动，皆"有所不为"。**"不为"亦是一种"为"，重点不仅在何事"不能做"，更在如何"能不做"，此为"克己"之义**。"克己"则近仁。

4.4　**"克己"即"知止"**。何谓"知止"？"子曰：'于止，知其所止。'"即知道界限在哪里，故"知止而后有定"（《礼记·大学》）。又有言，"为人君，止于仁；为人臣，止于敬；为人子，止于孝；为人父，止于慈；与国人交，止于信"，最终"止于至善"（《礼记·大学》）。此处之"止"，可作动词解，更宜作名词解，"界限"之意。朱熹释"止"："止者，必至于是而不迁之意。"又说："止者，所当止之地。"（《大学章句》）**"止于**

至善”，既是达到“至善”，更是以“至善”为界限。至善者，仁也。

4.5　**仁即“知止”，知道“不为”的界限**。文明始于暴力之“止”。《论语 · 子路 11》：“子曰：‘善人为邦百年，亦可以胜残去杀矣。诚哉是言也！’”（新 3.10）除残止杀，即仁之目的。孟子说：“行一不义、杀一不辜而得天下，皆不为也。”（《孟子 · 公孙丑上》）荀子也说：“行一不义、杀一无罪而得天下，仁者不为也。”（《荀子 · 王霸》）

4.6　**有为之仁和不为之仁**。《论语 · 雍也 30》：“夫仁者，己欲立而立人，己欲达而达人。”（新 1.23）此是“有为之仁”；“己所不欲，勿施于人”，是“不为之仁”。以己之“所欲”助人，是仁；以己之“不欲”而“勿施于人”，亦是仁。**有为之仁是“施”，不为之仁是“勿施”，两者皆以“知止”为准则**。荀子于此有所阐发：“君子之所谓贤者，非能遍能人之所能之谓也；君子之所谓知者，非能遍知人之所知之谓也；君子之所谓辩者，非能遍辩人之所辩之谓也；君子之所谓察者，非能遍察人之所察之谓也；有所止矣。”（《荀子 · 儒效》）

4.7　**君子是有仁之人，小人是不仁之人**。《论语 · 宪问 6》：“子曰：‘君子而不仁者有矣夫？未有小人而仁者也！’”（新 2.44）“有仁”即“有所不为”。《论语 · 卫灵公 22》：“子曰：‘君子矜而不争，群而不党。’”（新 2.62）又《论语 · 为政 12》：“子曰：‘君子不器。’”（新 2.63）另有君子“三畏”“三戒”之说。“不仁”则反是，《中庸》有言：“小人而无忌惮也。”（《礼记 · 中庸》）故小人无所不为，亦无所顾忌，“求诸人”而又

“求备”，更会“成人之恶”。**君子“知止”，小人不“知止”。**

5. 仁，在不同社会关系中呈现不同形态，“忠恕”贯穿其间

5.1 **仁有不同形态：父母与子女之间，孝；兄弟之间，悌；君臣之间，忠；朋友之间，信。**仁自孝始，仁之“爱人”，始自父母与子女之间的亲情。《论语·阳货21》有“子生三年，然后免于父母之怀”，故人人都有“三年之爱于其父母”（新1.24）。悌，尊敬、服从兄长的手足之情。《论语·学而6》：“子曰：‘弟子入则孝，出则悌。’”（新1.34）又《论语·学而2》记有子之言：“孝弟也者，其为仁之本与！”（新8.1）忠，君臣之间的道义之约。《论语·八佾19》：“定公问：‘君使臣，臣事君，如之何？’孔子对曰：‘君使臣以礼，臣事君以忠。’”（新1.41）信，与他人相处的准则。《论语·为政22》：“子曰：‘人而无信，不知其可也！大车无輗，小车无軏，其何以行之哉？’”（新1.35）又《论语·公冶长26》“朋友信之”（新2.42），此为孔子的理想愿景之一。又《论语·学而4》“与朋友交而不信乎？”（新8.13），此为曾子“三省”之一。**仁，在不同社会关系中呈现出不同形态，可谓“和而不同”；人与人之间的关系虽有远近亲疏，其忠恕不变，又可谓“不同而一”。**

5.2 **仁，注重的是人与人之间的关系，而不是差别。**《论语·季氏1》：“不患寡而患不均。”（新4.72）“均”是“公平”之意，非“平均”之意，朱熹释为“各得其分”（《论语集注》），得其意矣。**仁者“爱人”，以忠恕待人，即“勿欺”“勿施”，其**

意不在绝对平均，而在“差别”之中寻求“公平”。

5.3　**礼是仁的外在形式。**《论语·八佾3》：“子曰：‘人而不仁，如礼何？人而不仁，如乐何？’”（新1.36）又《论语·阳货11》：“子曰：‘礼云礼云！玉帛云乎哉？乐云乐云！钟鼓云乎哉？’”（新4.65）仁是核心，礼乐是外在形式。如果没有仁，礼乐也就失去内在意义。《论语·颜渊1》：“颜渊问仁。子曰：‘克己复礼为仁。一日克己复礼，天下归仁焉……’颜渊曰：‘请问其目？’子曰：‘非礼勿视，非礼勿听，非礼勿言，非礼勿动。’”（新1.9）此章既解释了礼与仁的关系，也阐明**礼的实质是“有所不为”，即“知止”。**

5.4　**人与人之间的合理界限是由“法”和“礼”划定，一个社会不能只有“法”而没有“礼”。**《论语·为政3》：“子曰：‘道之以政，齐之以刑，民免而无耻；道之以德，齐之以礼，有耻且格。’”（新3.6）“以礼节之”被视为“先王之道”。《论语·学而12》：“有子曰：‘礼之用，和为贵。先王之道，斯为美，大小由之。’”（新8.6）**“法”为是非的判断，“礼”是取舍的选择。“礼”所体现的是一个社会的排序优先原则。**

6.“仁政”的“四项承诺”：好的君王——以德治国；好的治理——贤能政治；好的生活——小康社会；而核心是不滥用暴力——不嗜杀

6.1　**不滥用暴力是仁政的前提。**《论语·尧曰2》：“子曰：‘不教而杀谓之虐。’”（新3.12）孔子将虐杀视作为政“四恶”

之首。又《论语·颜渊19》:"季康子问政于孔子:'如杀无道,以就有道,何如?'孔子对曰:'子为政,焉用杀?'"(新3.9)孔子坚信仁政必将取代暴政。《论语·子路12》:"子曰:'如有王者,必世而后仁。'"(新3.2)仁政不能通过杀人来实现。梁襄王问孟子:"天下恶乎定?"孟子答:"定于一。"又问:"孰能一之?"孟子对曰:"不嗜杀人者能一之。"(《孟子·梁惠王上》)仁政的四项承诺中,不滥用暴力是首要条件,此项做不到,其他三项也就失去意义,恐怖统治下,即使吃饱穿暖、秩序良好,也非"仁政"。

6.2 **"以德治国"要有好的君王**。《论语·为政1》:"子曰:'为政以德,譬如北辰,居其所而众星共之。'"(新3.5)君王不仅是天下的统治者,还应是民众的榜样。《论语·颜渊17》:"季康子问政于孔子,孔子对曰:'政者,正也。子帅以正,孰敢不正?'"(新3.20)又《论语·子路13》:"子曰:'苟正其身矣,于从政乎何有?不能正其身,如正人何?'"(新3.21)又《论语·子路6》:"子曰:'其身正,不令而行;其身不正,虽令不从。'"(新3.22)在此意义上,孔子提出"君君臣臣"之说。《论语·颜渊11》:"齐景公问政于孔子。孔子对曰:'君君,臣臣;父父,子子。'"(新3.7)君王要有君王的样子,臣子就会有臣子的样子;父亲要有父亲的样子,儿子就会有儿子的样子。孟子也说:"君仁莫不仁,君义莫不义。"(《孟子·离娄下》)

6.3 **"选贤任能"是良好治理的保障**。为政要务之一,是"举贤才",而"举贤才"为的是"举直错诸枉"——将正直者置于不正直者之上。《论语 · 为政 19》："哀公问曰：'何为则民服？' 孔子对曰：'举直错诸枉，则民服；举枉错诸直，则民不服。'"（新 3.31）又有《论语 · 颜渊 22》记子夏评论"举直错诸枉"之言："富哉言乎！舜有天下，选于众，举皋陶，不仁者远矣；汤有天下，选于众，举伊尹，不仁者远矣。"（新 3.32）至于何为"贤才"，孔子有自己独特的评选标准。《论语 · 卫灵公 28》："子曰：'众恶之，必察焉；众好之，必察焉。'"（新 3.78）在《论语 · 子路 24》一章中，孔子解释其理由："子贡问曰：'乡人皆好之，何如？' 子曰：'未可也。''乡人皆恶之，何如？' 子曰：'未可也。不如乡人之善者好之，其不善者恶之。'"（新 3.79）所有人都喜欢或厌恶的人，未必一定是"善者"或"不善者"。**选荐"贤才"应当同时符合两个条件：一是"众好之"；二是"善者好之"。简单多数的选择，未必得到最好的结果。**

6.4　**"小康"社会是"富而好礼"**。《论语 · 学而 15》："子贡曰：'贫而无谄，富而无骄，何如？' 子曰：'可也，未若贫而乐，富而好礼者也。'"（新 3.44）"富而好礼"是"富之教之"的结果。《论语 · 子路 9》："子适卫，冉有仆。子曰：'庶矣哉！' 冉有曰：'既庶矣，又何加焉？' 曰：'富之。' 曰：'既富矣，又何加焉？' 曰：'教之。'"（新 3.15）富之教之，先富后教。儒家"富民"之策主要是轻赋薄税、民有恒产。《论语 · 颜渊 9》："哀公问于有若曰：'年饥，用不足，如之何？' 有若对曰：'盍彻乎？' 曰：'二，吾犹不足，如之何其彻也？' 对曰：'百姓足，君孰不足？百姓不足，君孰与足？'"（新

8.30）荒年之时，能抽取十分之一的田税，就不要抽取十分之二。孟子则认为“夫仁政，必自经界始”。仁政始于划分田地，确立百姓的权属，因为“有恒产者有恒心，无恒产者无恒心”（《孟子·滕文公上》）。

6.5 **对“仁政”最生动的表述是《论语·先进26》一章的“各言其志”**：“子路、曾皙、冉有、公西华侍坐。子曰：‘以吾一日长乎尔，毋吾以也。居则曰：“不吾知也！”如或知尔，则何以哉？’子路率尔而对，曰：‘千乘之国，摄乎大国之间，加之以师旅，因之以饥馑，由也为之，比及三年，可使有勇，且知方也。’夫子哂之。‘求，尔何如？’对曰：‘方六七十，如五六十，求也为之，比及三年，可使足民。如其礼乐，以俟君子。’‘赤，尔何如？’对曰：‘非曰能之，愿学焉！宗庙之事，如会同，端章甫，愿为小相焉。’‘点，尔何如？’鼓瑟希，铿尔，舍瑟而作。对曰：‘异乎三子者之撰。’子曰：‘何伤乎？亦各言其志也。’曰：‘莫春者，春服既成，冠者五六人，童子六七人，浴乎沂，风乎舞雩，咏而归。’夫子喟然叹曰：‘吾与点也！’”（新2.43）子路崇尚武力，故孔子“哂之”；冉求想到温饱，已有“富民”之思；公西赤谈到宗庙之事，更有了礼乐追求；而曾点的向往，透出了“天下归仁”的和谐景象。**对“仁政”最形象的呈现是孟子的描绘**：“五亩之宅，树之以桑，五十者可以衣帛矣；鸡豚狗彘之畜，无失其时，七十者可以食肉矣；百亩之田，勿夺其时，数口之家可以无饥矣；谨庠序之教，申之以孝悌之义，颁白者不负戴于道路矣。”（《孟子·梁惠王上》）这是一个既“富之”又“教之”的理想社会。**对“仁**

政”最全面的总结为《礼记·礼运篇》所记的孔子之言："大道之行也，天下为公。选贤与能，讲信修睦，故人不独亲其亲，不独子其子，使老有所终，壮有所用，幼有所长，矜寡孤独废疾者，皆有所养。男有分，女有归。货恶其弃于地也，不必藏于己；力恶其不出于身也，不必为己。是故谋闭而不兴，盗窃乱贼而不作，故外户而不闭，是谓大同。"这是"仁政"由"小康"到"大同"的发展进程。

6.6　**"仁政"之制，是"共治"，而非"专制"**。孔子向往"周制"，而非"秦政"。《论语·八佾14》："子曰：'周监于二代。郁郁乎文哉！吾从周。'"（新1.46）又说："大道之行也，与三代之英，丘之未逮也，而有志焉。"（《礼记·礼运篇》）孔子维护"周天子"的中央权威，却并不主张集天下之权于君主一人。《论语·子路15》一章中，将君王"唯其言而莫予违也"视为"一言而丧邦"的亡国之兆。（新3.27）就君主与臣民之间关系而言，**周制之"共治"，是一种上下依存、相互制约的"双向关系"；秦政之"专制"，是一种自上而下、生杀予夺的"单向关系"**。《论语·八佾19》："君使臣以礼，臣事君以忠。"（新1.41）君若"不君"，臣是否可以"不臣"？孔子未有明言，其意隐存。孟子直言："君之视臣如手足，则臣视君如腹心；君之视臣如犬马，则臣视君如国人；君之视臣如土芥，则臣视君如寇仇。"（《孟子·离娄下》）荀子亦持同样观点："人主不公，人臣不忠也。"（《荀子·王霸》）

6.7　**"仁政"如同统治者与被统治者之间的"政治协议"，缺陷在于没有"违约设计"**。当"四项承诺"落空之时，儒家没有切实可行的应对之策。孔子著《春秋》以“贬天子，退诸侯，讨大夫”（《史记·太史公自序》），有警醒后世之用，无现实约束之力。面对“暴君”，孟子的办法，一是以暴易暴，学汤武革命。“贼仁者谓之贼，贼义者谓之残，残贼之人谓之一夫。闻诛一夫纣矣，未闻弑君也。”（《孟子·梁惠王下》）二是避祸远行，走移民之路。“无罪而杀士，则大夫可以去；无罪而戮民，则士可以徙。”（《孟子·离娄下》）**如何应对“仁政”承诺落空和防止“暴君”出现，是儒学未能完成的课题。**

第二章 “两端”：孔子的方法论

孔子学说有独特的方法论。在《论语·子罕8》一章中，他有过明确的表述：“子曰：‘吾有知乎哉？无知也。有鄙夫问于我，空空如也，我叩其两端而竭焉。’”

孔子以博学著称，众人以为他无所不知，而他并不认同，只承认自己知道如何获取知识，寻找问题的答案。当乡野之人向他请教时，虽然对问题一无所知，感觉“空空如也”，但他“叩其两端”——从问题的两端去探询，并不断“竭焉”——一直追问到底，终于找到了答案。

孔子的方法论可称为“两端法”，其要义如下。

1.“两端法”的三个要点：“空空如也”“叩其两端”和“竭焉”

1.1 **认知是从“无知”到“有知”**。《论语·子罕8》：“子曰：‘吾有知乎哉？无知也。有鄙夫问于我，空空如也，我叩其两端而竭焉。’”（新2.15）这是孔子对自己方法论的明确阐释。**"有知"是知，知"无知"，亦是知**。《论语·为政17》："子曰：'由！诲女知之乎？知之为知之，不知为不知，是知也。'"（新2.11）老子亦云："知不知，上；不知知，病。"（《道德经·71章》）

1.2　从"无知"到"有知"，有三个步骤：**"空空如也""叩其两端""竭焉"**。其意如下：a. "空空如也"——**将事物置于关系中去认识**；b. "叩其两端"——**从关系的"两端"去理解**；c. "竭焉"——**从"两端"推演到"极端"去看清**。

2. "空空如也"——事物本质空无，只有置于关系中才能显现

2.1　**事物的本质，在与其他事物的关系中才能显现**。《论语·子罕8》："有鄙夫问于我，空空如也。"此处"空空如也"，既指自己对事物一无所知，又喻其本质虚隐未现，语有双义。钱锺书说："如《论语·子罕8》：'空空如也'，'空'可训虚无，亦可训诚悫，两意不同而亦不倍。"（《管锥编·周易正义[论易之三名]》）**故此处"空空如也"，既表示认知者知其"不知"，也意味着事物本质自是空无**。

2.2　**事物的本质不存在于事物本身，而存在于事物间的相互关系中**。存在主义有言"存在先于本质"，似可进而言之，"本质始于关系"。**人的本质只存在于人与他人的关系中**。仁之爱人，离开了人与他人之间的关系，仁又焉在？

3. “叩其两端”——事物本质取决于关系的“两端”，需从“两端”去理解

3.1　**事物本质存在于事物相互关系中，而关系都由“两端”构成**。《论语 · 子罕 8》：“我叩其两端而竭焉。”（新 2.15）“叩其两端”，即认识事物需从其与他物关系的“两端”入手。朱熹释此章，“两端，犹言两头，言终始、本末、上下、精粗，无所不尽”（《论语集注》），似是而非。两端，非一物之两端，而是一物与他物之间的两端，而“终始、本末、上下、精粗”者，皆事物之形态，而非关系之本质。

3.2　**事物本质取决于“两端”，一端不同而呈现不同，一端变化而随之变化**。仁之“爱人”，因人而不同。父母子女间之“孝”，兄弟间之“悌”，君臣间之“义”，朋友间之“信”，呈现不同形态。仁是“两端”之事，不可偏执一端，一端变化必引起另一端变化。君子之间，以德报德，是仁；君子小人之间，以直报怨，亦是仁。**一个人在与他人不同关系中会呈现自我本质的不同方面。**

4. “竭焉”——事物本质受“两端”限定，推演到“极端”才能看清

4.1　**“竭焉”，即推而极之。“我叩其两端而竭焉”之“竭焉”，是从“两端”推演到“极端”，以发现其本原和极限**。《礼记 · 大学》有言“君子无所不用其极”，虽言“自新”之事，亦

有其义。

4.2 **让“两端”回归到本原，才能看到实质**。《论语·阳货21》记孔子与宰我就“三年之丧”论辩。宰我认为三年丧期过长，孔子认为三年丧期合理，理由是“子生三年，然后免于父母之怀”（新1.24）。“三年之丧”是否过长，暂且不论，孔子让父母与子女之间的亲情关系回归到本原，显示出“孝”的实质是对养育之恩的回报。

4.3 **将“两端”推向极端，才能看清界限**。孟子的“嫂溺援之以手”（《孟子·离娄上》）可为释例。“男女授受不亲”，但嫂子落水时，伸手相救，并不为“违礼”。将事情推至极端，可以看清“礼”的界限。

5. 孔子的“两端法”是理解其核心观点的逻辑密匙

5.1 **以“两端法”看“人性”，可有如下推论**：a. 事物本质“空空如也”，**人性本质也是空无**；b. 事物本质置于关系中才能显现，**人性也只能通过与他人关系而显现**；c. 事物本质取决于关系的“两端”，**人性通过与他人的不同关系而显现出不同的方面**；d. 事物本质受“两端”限定，推演到极端才能看清本原和极限，而**人性亦是如此，将善恶推向极端，便是人性的本原和边缘，越过极限，便非“人性”**。

5.2 **人性本无善恶，善恶只存在于人与他人之间的关系中**。孟子言“性善”，荀子言“性恶”，而与孟子辩论的告子之言，或许更契合孔子之逻辑。“告子曰：‘性无善无不善也。’或曰：

‘性可以为善，可以为不善。’……或曰：‘有性善，有性不善。’”(《孟子·告子上》)人之初，性本无善无不善，可善可不善，必与他人相处之后，才存而显现。明代王阳明说，“无善无恶是心之体，有善有恶是意之动”，亦是此意。他还认为，“无善无不善，性本原是如此”，而告子之说，“亦无大差”(《传习录·下卷》)。

5.3 **人性的不同特质只有通过与他人的不同关系才能显现。**因为有父母，一个人会显现出本性中作为子女的特质；因为有兄弟姐妹，又会显现出本性中作为兄弟姐妹的特质。人性中的各种特质，通过与他人的各种关系——亲人、爱侣、朋友、仇人——逐一显现出来，而所显现出的全部特质构成了一个人的本质。这也符合马克思的一个著名观点——人的本质是一切社会关系的总和。

5.4 **人与人之间关系取决于“两端”，一端变化必引起另一端变化**。无论忠、恕，都要从“己”与“人”之两端思考。忠是君臣之间的事。《论语·八佾19》：“君使臣以礼，臣事君以忠。”（新1.41）君若“不礼”，臣也可“不忠”。恕是“己”与“人”之间的事。《论语·公冶长12》：“子贡曰：‘我不欲人之加诸我也，吾亦欲无加诸人。’”（新4.29）无论“不欲”还是“所欲”，不想他人“加诸”自己，自己也要不“加诸”他人。

5.5 **“竭焉”是将“两端”推演到极端，以看清人性的本原和极限**。人的社会行为，常从“名分”中获得正当性，而许多恶行，也因“名分”而被容忍，如暴君滥杀无辜。回归人的本原，许多事情是非自现。人的社会行为也有“界限”，越过“界限”，本质必变。忠、孝一旦越过“界限”，便非“忠”“孝”。

善恶推向极端，可探知人性的本原和边缘。

6. “两端法”与“一分为二”论同中有异，并行不悖，是“儒家辩证”

6.1 **“两端法”与“一分为二”论异同**：a. 就事物本质而言，“一分为二”论认为事物本质取决于自身内部的矛盾，“两端法”认为事物本质不能被自身定义，必须通过与其他事物的关联才能存而显现；b. 就观察角度而言，“一分为二”论是从事物自身的“一端”去观察，看到事物本身的两个方面，而“两端法”是从事物和关联事物的“两端”去观察，在相互关系中看到事物呈现的本质；c. 就相互关联而言，“一分为二”论承认事物间的普遍联系，又将一切联系都归结为“对立统一”，并以对立为主，最终是一方战胜另一方，而“两端法”则强调事物双方的相互依存，以共存为前提，不执“一端”，而“执其中”。

6.2 **孔子的“两端法”，与唯物辩证法的“一分为二”论立论不同，却又有相通之处，并行不悖**。钱锺书视其为“儒家辩证”，曾说：“参之《中庸》之‘执其两端用其中’，亦儒家于辩证之发凡立则也。”（《管锥编·老子王弼注 2 章》）

7. 儒家的“格物致知”——理，不在物亦不在心，而在物与心之间

7.1 **“格物致知”是后世儒学的方法论**。《礼记·大学》：

“致知在格物。物格而后知至……”宋儒以“格物”求理。程颐说：“万物皆只是一个天理。”（《河南程氏遗书·卷2》）“格犹穷也，物犹理也。犹曰穷其理而已矣。”（《河南程氏遗书·卷25》）朱熹说：“所谓格物，便是要就这形而下之器，穷得那形而上之道理而已。”（《朱子语类·卷62》）——**从外物寻“天理”**。明代王阳明另立“心学”，从“心即理”出发，认为“心外无理”，说“心即理也。天下又有心外之事、心外之理乎？”（《传习录·上卷》）。“致知”就是“致良知”，而“良知即天理”——**从内心寻“天理”**。

7.2　**以孔子的“两端”方法论观之，理学、心学皆误执一端**。宋儒“格物”，只从外物去“穷理”；明代“心学”，专向内心去“致良知”。**“格物”，只得物之理，以物之理“致知”，仍得“物理”；“致知”只得心之理，以心之理“格物”，仍是“心理”**。

7.3　**天下之道，在外物和内心的相互关系之间**，即“物”与“心”的“两端”之间。以王阳明“观竹格物”为例——**竹之本质，不在竹，亦不在心，在竹与心之间交集处**。于此，几近孔子的“天人之道”。

第三章 “用其中”：天、人之间的中庸思维

孔子在《论语》中强调学习，而学习是为了悟道。“子曰：朝闻道，夕死可矣。”（《论语·里仁8》）若学而不悟，便是未通。

孔子学说的核心是“仁”，仁者，即“人之道”。不过，他深知，“人之道”之外，还有“天之道”，曾说：“加我数年，五十以学《易》，可以无大过矣！”（《论语·述而17》）正如《易传》所言：“《易》之为书也，广大悉备。有天道焉，有人道焉，有地道焉。”（《易传·系辞》）

道家老子注重的是“天之道”。史书有“子见老子”的记载，《道德经》成书应早于诸子各家，孔子读过老子之书，也是合乎情理之事。

孔子说自己“五十知天命”，可见那时已在深研天道。

古人云：“天道远，人道迩。”孔子由人道而天道，最终探寻的却是天道与人道之间的关系——“天人之道”。

这里，“道”分为三：天道、人道、天人之道。

子贡说：“夫子之文章，可得而闻也；夫子之言性与天道，

不可得而闻也。”（《论语 · 公冶长 13》）

这“性与天道”，即孔子的“天人之道”，子贡“不可得而闻也”，颜渊也许得而闻也，可惜早亡，未能传也。

今天，我们或许能做的，是借助孔子的“两端”方法论，以天、人为两端，试着来推演一下“天人之道”。

下面，是有关孔子“天人之道”的一些发现和推论。

1. 天人之道，介于天道、人道之间

1.1 **天道主宰人道，人道无法超越天道**。《论语 · 宪问 36》：“子曰：‘道之将行也与？命也；道之将废也与？命也。’”（新5.3）人道的发展最终取决于天道的运行。《论语 · 子罕 5》：“子畏于匡，曰：‘文王既没，文不在兹乎？天之将丧斯文也，后死者不得与于斯文也；天之未丧斯文也，匡人其如予何？’”（新5.1）一种文明的兴衰，背后受天道的支配。故孔子说君子要“知天命”，又要“畏天命”。孟子发挥其意：“尽其心者，知其性也。知其性，则知天矣。”（《孟子 · 尽心上》）天道与人道，就本质而言，是一致的。董仲舒进一步提出“天人一体”：“王道之三纲，可求于天。”（《春秋繁露 · 基义》）而“道之大原出于天。天不变，道亦不变”（《汉书 · 董仲舒传》）。宋代二程，更趋绝对，说“仁者，以天地万物为一体”（《河南程氏遗书 · 卷 2》），并提出，“性与天道，一也。天道降而在人，故谓之性”（《二程集 · 中庸解》），皆以此论证仁义道德之天然合理性。**由天道主宰人道，变为天道等同于人道，是宋儒理**

学之弊。

1.2　**人道不同于天道，天、人各有其道**。《论语·阳货19》：“子曰：‘天何言哉？四时行焉，百物生焉，天何言哉？’”（新5.5）此义老子先有阐发：“天地不仁，以万物为刍狗。”（《道德经·5章》）荀子说得更为明白：“天行有常，不为尧存，不为桀亡。”（《荀子·天论》）**天道无法替代人道，人道自有其道**。老子云：“天之道，损有余而补不足；人之道则不然，损不足以奉有余。”（《道德经·77章》）荀子说：“道者，非天之道，非地之道，人之所以道也。君子之所道也。”（《荀子·儒效》）《易传》论“道”则有“不与圣人同忧”之说（《易传·系辞上》）。**人类文明的本质是对天道的发展或逆反**。

1.3　**天人之道：以天、人为两端，道在中间**。《论语·公冶长13》：“子贡曰：‘夫子之文章，可得而闻也；夫子之言性与天道，不可得而闻也。’”（新6.7）子贡所说“夫子之言”，所讨论者，不是“性”，也不是“天道”，而是“性与天道”之间的“道”。《易传》有言：“一阴一阳之谓道。”（《易传·系辞上》）道，不在阴，亦不在阳，而在“一阴一阳”之间，**孔子之“天人之道”，不在天，亦不在人，而在天、人之间**。司马迁所说“欲以究天人之际”（《报任安书》），也正是其意。《说文解字》释“际”为“壁会也”。段玉裁注“两墙相合之缝也”（《说文解字注》），可以参照。

1.4　**人类受制于天道、人道之间，“天人之道”是其生存之道**。天道无法违抗，而人道既要遵循天道，又要“反其道而行之”。如何处理天道与人道之间的关系呢？老子主张“无为”，因为“道常无为而无不为”，而“天下将自定”(《道德经·37章》)。老子又云：“将欲取天下而为之，吾见其不得已。天下神器，不可为也，不可执也。为者败之，执者失之。”(《道德经·29章》)故圣人“不为而成”(《道德经·47章》)。孔子认为应“有所为有所不为”，此乃孔、老分歧之处。**在天、人之间，找到“为”与“不为”的界限，就是“天人之道”**。

2. 天人之道，即“中庸”——“执两用中”

2.1　**何为“中庸”？“中庸”即“中用”，也就是“用中”，实用之道**。孔子视“中庸”为至德，圣王治国之道。《论语·雍也29》：“子曰：‘中庸之为德也，其至矣乎！’”（新3.19）中者，“执其中”，即“执其两端”；庸者，通“用”，即“用其中”。《论语·尧曰》引尧之言：“允执其中。”（新8.45）《礼记·中庸》记孔子评舜之语：“执其两端，用其中于民。”《说文解字》释“庸”为“用也”，是正解。何晏释“庸”为“常也”(《论语集解·卷6》)，取“可常行”之意，亦近之。

2.2　**“执其中”，即“执其两端”**。执一端，必失其“中”。《论语·子罕4》：“子绝四：毋意，毋必，毋固，毋我。”（新7.34）乱猜、武断、固执、自以为是，皆为“执一”之态。孟子说：“执中为近之……所恶执一者，为其贼道也，举一而废百也。”(《孟子·尽心上》)**事物本质存于相互关系的两端，“执一”只从一端看问题，其弊在于“举一而废百”**。

2.3　**“用其中”，即在“两端”之间，做出“适中”的选择**。

程颐以“不偏”释“中”，偏矣；朱熹以“不偏不倚”释“中”（《中庸章句》），更偏。**中者，“两端”之间，未必“两端”之“中”**。故“中庸”不是中立，不是折中，也不是“既要……又要……”式的“全面”，**而是在“两端”之间的无数可能性中做出一个是确定性的最佳选择**。荀子说：“兼陈万物而中县衡焉。”（《荀子·解蔽》）县衡者，衡量轻重也，以“中”县衡，就是“用中”之意。《中庸》之“择乎中庸”，一个“择”字道出“中庸”本义。

2.4 **“权”的概念**。《论语·子罕 30》：“子曰：‘可与共学，未可与适道；可与适道，未可与立；可与立，未可与权。’”（新 3.73）可见，学习之上，是求道；求道之上，是成事；成事之上，是“权”。“权”是更高智慧。孟子发挥其义：“执中无权，犹执一也。”（《孟子·尽心上》）**“权”的含义是，极端情境下的变通之举，亦是“用中”**。钱锺书论“权”时说，“‘权’乃吾国古伦理学中一要义”，其结论是，“‘权’者，变‘经’有善，而非废‘经’不顾，故必有所不为”（《管锥编·左传正义［成公 15 年］》）。**“经”是原则，原则可变通而不可废。“权”者，仍有“有所不为”的底线**。

3. “用其中”是在“两端”之间找到“度”

3.1 **“度”，是两端之间的一个界线**。《论语·尧曰 1》：“谨权量，审法度。”（新 8.45）“度”为名词，尺度也；孟子说：“度，然后知长短。”（《孟子·梁惠王上》）“度”为动词，衡量也；后引申为“限度”之意，故有“过度”之说。**中庸之“度”，即两端之间的“适中”之界线，对两端而言，都是可能**

的最优选择。

3.2 **“度”在“过与不及”之间。**《论语·先进16》：“子曰：‘过犹不及。’”（新4.46）**度，就位置而言，不是一个不偏不倚的正中，而是一个恰好合适之位。**

3.3 **“度”在不早不迟之间。**《礼记·中庸》：“君子之中庸也，君子而时中。”“时钟”之“时”，应作动词解，即抓住中庸之时机。老子亦有“君子得其时”之说。**度，就时机而言，不是一个确定之时，而是恰当之时。**

3.4 **“度”在“一张一弛”之间。**《论语·子张22》：“子贡曰：‘文武之道，未坠于地，在人。贤者识其大者，不贤者识其小者，莫不有文武之道焉。’”（新6.8）《礼记》有言：“一张一弛，文武之道也。”（《礼记·杂记下》）**度，就力度而言，并非一个恒量，而是一个有规律的变量。**

3.5 **“度”在“无可无不可”之间。**《论语·微子8》：“我则异于是，无可无不可。”（新4.133）孔子说自己与诸位古代贤人的不同之处，就在于“无可无不可”。又《论语·里仁10》：“子曰：‘君子之于天下也，无适也，无莫也，义之与比。’”（新2.69）君子行于天下，没有一条路一定要走，也没有什么路一定不能走——只要有“义”指引。孟子说孔子“可以仕则仕，可以止则止”（《孟子·公孙丑上》），亦此意也。庄子说：“可乎可，不可乎不可，道行之而成。”（《庄子·齐物论》）《礼记·中庸》也有“道自道也”之言。**度，就路径而言，并非只有一条，而是行之成道。**

3.6 **“度”在“为与不为”之间。**《论语·子路21》：“子曰：‘不得中行而与之，必也狂狷乎？狂者进取，狷者有所不为也。’”（新3.71）中道而行者，必有所为，也必有所不为。孟子说：“孔子岂不欲中道哉？不可必得，故思其次也。”（《孟子·尽心下》）忠者“勿欺”，恕者“勿施”，仁者“知止”。“知止”是知道“度”之所在。**度，就实质而言，是为与不为之间的界限。**

4.“中庸”的挑战：量化和算法

4.1 **“中庸”之用，是在“两端”之间找到“度”，也就是“两端”之间的一个“点位”，对双方而言，都是可能的最优选择**。挑战在于，这个“点位”能否获得数理证明，并找到具体算法？**“中庸”需要“量化”和“算法”**。

4.2 **《易》是“中庸”最早的“量化”和“算法”**。阴阳二爻形成八个单卦，八个单卦生成六十四重卦，重卦由两个单卦组成，**卦象皆由“两端”构成**。两个单卦之间有六个爻位，既是模拟事物发展的不同阶段，也是可供选择的相应策略，**占筮就是“用其中”。《易》有“量化”**。六十四卦各有指代，将天下万物量化为图像和数字，成为可运算的“数据”；又由此生成三百八十四爻象，将天下万物的变动过程变成可推演的“点位”。**《易》亦有“算法”**。《易传·系辞》记载了据说文王传下的“大衍之法”：“大衍之数五十，其用四十有九。分而为二以象两，挂一以象三，揲之以四以象四时，归奇于扐以象闰；五岁再闰，故再扐而后挂……《乾》之策二百一十有六，《坤》之策百四十有四，凡三百有六十，当期之日。二篇之策万有一千五百二十，当万物之数也。是故四营而成《易》，十有八变而成卦，八卦而小成。引而伸之，触类而长之，天下之能事毕矣。”（《易传 · 系辞上》）**《易》可谓“中庸”之法**。荀子说：“善为《易》者不占。”（《荀子 · 大略》）占筮只是手段，“用中”才是实质。

4.3 **“中庸”有了“量化”和“算法”，可以测算出“度”来，才能真正成为“常行之道”**。这在理论上或许极为复杂，实践中却不难实现，以市场交易为例，对交易双方而言，都是找到了一个对自己“合适”的价格。这一“合适”价格，就是双方之间的“度”，正所谓“百姓日用而不知”（《易传 · 系辞上》）。再以利润分配为例。《论语 · 季氏 1》：“不患寡而患不均。”（新 4.72）“均”是“公平”之意，非“平均”之意，朱熹释为“各得其分”（《论语集注》）。现代股份制公司，以投资额确定股份，再将贡献、技术、经验折算成股份，不失为“各得其分”的一种算法。**市场经济贯穿着中庸之道**。

5. 中庸，即传承千年的所谓“圣贤之道”

5.1 **中庸之道的传承，可上溯尧舜**。《论语 · 尧曰 1》记尧之言：“允执其中。”（新 8.45）《礼记 · 中庸》有孔子评舜之语：“执其两端，用其中于民。”孟子说：“汤执中。”（《孟子 · 离娄下》）新近发现的“清华简”有《尚书》佚文《保训》一篇，据考证为周文王对武王的遗训，嘱以“中”道治国。《论语 · 雍也 29》：“子曰：‘中庸之为德也，其至矣乎！民鲜久矣。'”（新 3.19）孔子之叹，应实有所指，哀天下失“中庸”之道已久。《论语·子张 22》载子贡之言，亦可印证：“卫公孙朝问于子贡曰：‘仲尼焉学？’子贡曰：‘文武之道，未坠于地，在人。贤者识其大者，不贤者识其小者，莫不有文武之道焉。夫子焉不学？而亦何常师之有？'”（新 6.8）孔子是“识其大者”之贤者，自然继承了周朝文武之“大道”。《礼记·中庸》有言：“中也者，天下之大本也。”又有：“唯圣者能之。”宋代朱熹认为“中庸”“乃孔门传授心法”，由孔子传子思，子思授孟子，道统由此形成。**“道统”之说，虽有标榜正统之嫌，但思想之传承，确是有迹可循。**

5.2 **“中庸”是孔子学说中的最高智慧**。从仁之忠恕，到性之善恶、国之礼法、君子小人、君臣父子，无不有“执两”的思辨特征；从“两端法”的“叩其两端”，到“天人之道”的“用中”，背后更是体现出“中庸”思维。钱锺书将“中庸”视为“儒家辩证”，说：“参之《中庸》之‘执其两端用其中’，亦儒家于辩证之发凡立则也。”（《管锥编·老子王弼注 2 章》）又说：“执其两端，可得乎中，思辨之道，固所不废。”（《管锥编·史记会注考证 43》）可谓是对孔子学说做出的大判断。**中庸，即《论语》之道，孔学的思维方式，后世儒家于此，多有误解，未尽其义**。

下篇

专题与散论

第一章　仁：一种价值观

《论语》中，孔子以“仁”为标准，评论弟子、谈论诗乐、议论时政、臧否人物、辨析案件，进行“案例教学”；下面的文章，也试着以“仁”为标准，探讨一下现代社会面临的种种问题，诸如博爱、平等、自由、民主等等，以此来阐释和验证孔子学说。

孔子之“仁”，是一种价值观，而价值观是一种“主观”真理，即通过衡量是否符合“价值”，来评判人的行为和社会现象。以孔子的“仁”为价值观，就意味着以“仁”与“不仁”为判断是非的根本标准。

孔子心中的问题

伟大的思想家心中都会有一个问题——终生思索并试图回答的问题。这个问题往往是其思想的起点，也是其学说的终点。例如，柏拉图的政治学说，始于一个“理想国”应该如何建构，而亚里士多德的伦理学思想，则更多基于对“如何才是幸福的人生”的思考。

那么，孔子心中的问题是什么呢？我想，人与人之间应该如何相处，是他一生探究的问题。

人与人之间的关系，难道不是人类社会最根本的问题吗？一切社会问题无不根源于此。无论自由、平等、博爱，还是斗争、战争、革命，哪一项不涉及人与人的关系呢？资本主义、社会主义，乃至共产主义，何尝又不是基于不同的人与人的关系呢？

孔子对“人与人之间应当如何相处”问题的回答，是“仁”。“仁”是其思想的起点，也是其学说的核心。

孔子对“仁”做过简洁而明确的概括：“樊迟问仁。子曰：‘爱人。’”(《论语·颜渊 22》)

“仁”字由“人”和“二”组成,《说文解字》释“仁”为“从人从二”，可见，仁的实质，在于人与他人之间关系。

准确理解“仁”的含义，并不容易，不信的话，试着用英文来翻译一下“仁”，就会感到其语义的奥妙。

旧译中，常见的是将“仁”译为“Benevolence”(仁慈)。Benevolence 虽含“仁爱”之义，但多少有自上而下的“恩施”的意味，与孔子之“仁”未必相通。另一个选择是“Humanity”(人性)一词，其中有善待他人的人道之义，与孔子的“仁”相近，也与孟子“仁者，人也”的释意相同，但“Humanity”更多是指人性的发扬，着重点在于人的本性，与“仁”的指向仍有差异。其他可选用的词汇还有 Compassion(同情)、Affection(慈爱)等，虽或多或少都有“仁爱”之义，然而，总欠妥帖，难言契合。总之，在英文词语中，似乎很难找到一个现成词，能全面译出“仁”的准确含义和深刻内涵。

孔子将“仁”释为“爱人”。这“爱人”之爱，不是今天所说的“博爱”，而另有所指，即“忠恕”。

“子曰：‘参乎！吾道一以贯之。’曾子曰：‘唯。’子出，门人问曰：‘何谓也？’曾子曰：‘夫子之道，忠恕而已矣。’”（《论语·里仁 15》）

这段对话中，孔子对曾参说：“吾道一以贯之”，孔子学说中能“一以贯之”的，只有“仁”。曾参领悟得更深一层，说“夫子之道，忠恕而已矣”。

这里，可以看出孔子有关“仁”的思路——人与人之间的关系，应当是一种“仁”的关系，“仁”是“爱人”，而“爱人”之爱，是“忠”和“恕”。

想要真正领悟“仁”，就要先理解“忠”和“恕”。

忠，就是说真话

孔子学说的核心是“仁”，他对曾参说：“吾道一以贯之”，曾参的领悟是“夫子之道，忠恕而已矣”（《论语·里仁 15》）。

曾参的领悟，确实深刻。忠和恕，是仁之两端——人与人关系中的两个基本准则。可以说，忠是底线，恕是关键。

什么是“忠”呢？就是说真话。孔子说：“忠焉，能勿诲乎？”（《论语·宪问 7》）意思是，如果“忠”，能不直言相劝吗？可见，所谓忠，就是能对别人说真话。

在孔子看来，说不说真话，是衡量“忠”的根本标准。他说“君子有九思”，其一就是“言思忠”——说话时要考虑是否达到了“忠”的标准（《论语·季氏10》）。曾参说：“吾日三省吾身”，首先反省的是“为人谋而不忠乎？”（《论语·学而4》），就是与人商议事情时是否讲了真话。子路问事君，孔子回答：“勿欺也，而犯之。”（《论语·宪问22》）也是说，忠君之事，就是不要假话欺骗，宁肯犯颜直谏。

不过，忠之难，就难在说真话。

首先，真话未必为对方所接受。俗话说，忠言逆耳。有时，言者诚心诚意，听者未必欣然。孔子于此深有体会。他说：“事父母几谏。”——劝告高龄父母，就像是向君王进谏，即使不听，也要“劳而不怨”（《论语·里仁18》）。他还说：“忠告而善道之，不可则止，毋自辱焉。”（《论语·颜渊23》）——对朋友要好言相劝，劝不动时，应适可而止，不然会自取其辱。

其次，真话会给自己惹来麻烦。孔子一再告诫弟子要“慎言”，因为有时说真话的代价太大了。他以“殷有三仁”为例——纣王时的微子、箕子和比干，都是贤良，皆因屡谏纣王，不听，一个被逐，一个被贬，一个被杀。鉴于这些惨痛的历史经验，孔子提醒弟子说：“危邦不入，乱邦不居。”（《论语·泰伯13》）万一陷入危局怎么办？他说，发个违心之誓，喊两句口号，也是情有可原的。看来，孔子不仅讲原则，而且有灵活性。

尽管说真话难，在孔子看来，讲不讲真话，却是区分君子与小人的关键。君子“讷于言”，但“言忠信”；小人“巧言令色”，结果是“巧言乱德”。

人与人之间的最好关系，是相互间能说真话的关系；一个社会最好的状态，是人人能说真话的状态。从历史看，一个社会的文明程度，可从是否能说真话来衡量。无论科学、文明，还是自由、民主，都以此为基础。“文革”结束后，巴金痛定思痛，大力倡导“讲真话”，可谓是出自肺腑之“忠言”。

在君主制度下，明智的君王也会鼓励臣下“说真话”，当然，多数大臣们也都学会了以说真话的姿态说假话，以表现对君王的无限“忠心”。这是一盘下了两千多年的棋，已成走不出的“死局”。

在现代社会，“言论自由”写进了宪法，这不能不说是文明的一大进步——为了保障人们说真话的权利，必须容忍他们说错话。真话未必都是正确的话，却一定是“真实的表达”。

不过，不要以为有了“言论自由”，就人人都愿意讲真话了，现实未必如此。很多时候，人们选择说假话而不说真话，不光是怕杀头坐牢，而是因为说假话的“回报率”通常要高于说真话。政治上，违心的拥护会比真诚的反对更能迎合领导；商业里，夸大的广告会比朴素的说明更能提高销量；生活中，会忽悠之人总比木讷之人更能混得风生水起。

人，不仅避害，还会趋利，本性如此。

因此，一个人既要不“避害”，还要不“趋利”，才能说真话，达到“忠”的境界。当然，反过来说，一个社会，如果说真话危险，说假话获益，那么，这个社会一定出了问题。假话盛行之时，“忠”便没有了，剩下的只能是“效忠”之类。假话的功用之一，就是测试人们是否愿意“效忠”，赵高“指鹿为马”，群臣附议，可谓经典案例。

今天，如果想检验一下自己是否做到了“忠”，不妨学学曾参，也“三省吾身”：我说真话了吗？我想说真话吗？我能说真话吗？

重要的，不是爱，是恕

孔子说，仁者，爱人。仁者之爱，不是爱，是恕。

爱一个人易，抽象地爱“人类”亦不难，难的是爱天下众人。不信，到火车站候车大厅看看或挤一下高峰时段的地铁，那人山人海、摩肩接踵的景象，常会让人有“不能也，亦不愿也”之叹！

博爱，大概只有上帝才能做到。人间之爱，有亲疏、远近、深浅，也必有不爱、厌恶、憎恨。

“恕”的意义在于，告诉我们如何与自己不喜欢的人相处，不管是政见不同还是看着不顺眼，正是在此处，孔子学说凸显出独特的思想价值。

孔子将“恕”释为“己所不欲，勿施于人”，其关键是“勿施”——对他人不做那些不愿他人强加于自己的事情，即使对方是讨厌之人。

这揭示出一个深刻道理：人与人之间正常关系的建立，基于相互间“不做”什么。

人与人之间的友情，常始于相互“做”了什么，比如，释放善意，提供帮助；而友情的维系，却基于彼此间“不做”什么，比如，不诋毁、不欺骗、不伤害。

在孔子看来，人与人之间最基本的关系不是爱，而是“恕”。

爱，虽是人类最美好的感情，却不是构建社会秩序的基石。孔子说："爱之欲其生，恶之欲其死。既欲其生，又欲其死，是惑也！"(《论语 · 颜渊 10》) 将"爱"归于"惑"，自有其深意。有个成语，叫"爱恨情仇"，也许可以道出其中缘由——有爱必有恨，情亦会生仇。恨仇之间，乱必生焉。

"恕"可以成为人类社会秩序的基础。像任何政治制度的设计不能基于人性之善，而要基于人性之恶一样，一个社会的规范也不应高挂于"爱"，而该筑基于"恕"。一个充满"爱"的世界，人人要有"奉献自己"的精神，过于理想；而一个以"恕"为基础的社会，大家恪守"不伤害他人"的准则，更为现实。

恕，是仁者之爱，在孔子看来，具有"普世价值"。

一是适用于所有地区。樊迟问仁，孔子回答："虽之夷狄，不可弃也。"(《论语 · 子路 19》) 是说到了荒蛮之地，对待外夷，也要坚持仁的原则，忠不可弃，"恕"亦不可弃。

二是适用于所有阶层。孔门授徒，"有教无类"。弟子中，有贵族子弟，有平民孩子；还有坐过牢的；有富如子贡者，也有穷如颜回者——孔子一视同仁，"恕"在其中。

三是适用于各种年龄、不同性别。父母之慈、夫妻之恩、子女之亲，哪有年龄、性别之分？当然，孔子有"唯女子与小人难养也"之言，是个硬伤，有歧视之嫌……不过，难养者，难处也，不容易相处——爱虽不在，"恕"还是在的。

恕：从道理到定理

《论语》中，孔子讲了许多“道理”，这些“道理”能不能发展成为“定理”呢？如果能够，这些“道理”就可以验证、反复运用、推演出更多的判断；如果不能，只能说明这些“道理”不成立或过时了。

道理和定理有什么区别呢？道理往往是以“箴言”形式出现的简单陈述句，陈述一个事实或表明一个态度，比如“礼之用，和为贵”；定理是一个有条件的逻辑判断句，从一个设定条件可以推演出更多的判断，比如“我思故我在”。

更好的例子，如田忌赛马和博弈论。

“田忌赛马”的故事，已经暗含博弈论的内核。齐国大将田忌，与齐王赛马，就整体而言，他的马跑不过齐王的马，但用了孙膑的对策，以下马对齐王的上马，以中马对齐王的下马，以上马对齐王的中马——结果赢了比赛。

可惜，“田忌赛马”的策略，后来没能发展成为博弈论。

那么，西方现代博弈论比“田忌赛马”的对策多了哪些新内容呢？

1. 建立了博弈的基本模型，局中人、策略、得失、结果；
2. 设定了复杂的情景，合作博弈和非合作博弈，完全信息和不完全信息博弈，静态博弈和动态博弈等；
3. 基本原理经过数理论证（纳什均衡定理）。

通过这个例子，可以发现，“道理”发展成为“定理”，需要达到两个目标：

1. 将事实的陈述变为逻辑的判断，在不同条件的设置下，可以推断出不同的结果；
2. “定理”可以验证，可以反复运用，从而成为分析和解决问题的工具。

孔子学说中的许多重要论述，能否发展成为“定理”呢？我想，应当可以。清代乾嘉学派，通过训诂读懂了古代典籍的“字句含义”。今天，我们或许可以通过“语言分析”读懂更多的“结构含义”——字句之间的深层逻辑。

这里，不妨以“恕”为例，看看能否从“道理”中总结出一些“定理”。

孔子将“恕”解释为“己所不欲，勿施于人”，从这个定义可以看出：“恕”是“己”与“他人”之间的一种关系，以“不欲”的共同感受为条件，通过“勿施”来实现。

重要的是，实现“恕”的关键是“勿施”。也就是说，“恕”的实现，不通过“施”，而通过“勿施”——不是通过“做了”什么而达到，而是通过“不做”什么来完成。

由此推论，可以进一步推导出下面三个定理性论断：

a. 在人与人之间的关系中，“勿施”比“施”更重要；
b. 人与人冲突的化解，不是在“不欲”或“所欲”上强求一致，而是在“勿施”上取得共识；
c. “勿施”是主动的“不为”，可以转化成为一种抗衡力量。

这三个论断，揭示出“恕”的内在深义，也颇具有实践意义，值得稍加阐述。

论断一：在人与人之间的关系中，“勿施”比“施”更重要——人与人之间的冲突常由“施”所引起，将己所“不欲”，强加于人，必引起冲突；将己之“所欲”，强加于人，也会引起冲突，因为基于各自本性和不同经验，人之“不欲”和“所欲”很难一致。不过，引起人与人冲突的，不是“不欲”或“所欲”的不同，而是将自己的“不欲”或“所欲”强加于他人。因此，与人相处，坚守“勿施”的底线，就有可能避免或减少冲突。

论断二：人与人冲突的化解，不是在“不欲”或“所欲”上强求一致，而是在“勿施”上取得共识——如果双方能先确认哪些事情“不做”，解决分歧就还有希望；如果在“勿施”方面都不能达成一致，冲突的爆发就难以避免。例如，“和平共处五项原则”，讲的是“互相尊重主权和领土完整”“平等互利”“和平共处”，关键两条却是“互不侵犯”“互不干涉内政”——都是双方承诺“不做”什么——没有这两条，其他三条都无法实现。在“勿施”上先取得共识，是化解冲突最有效的办法。

论断三：“勿施”是主动的“不为”，可以转化成为一种抗衡力量——“勿施”不是被动的“无为”，而是主动的“不为”。也就是说，不是“不能做”，而是选择“不做”。中国拥有核武器，却宣布“绝不首先使用核武器”，就是将“勿施”转化成为一种抗衡力量。当有人强加“不欲”之时，坚持“勿施”，就好像面对暴力，坚持“非暴力”一样，并非一定是消极之举。印度甘地的“非暴力主义”，不是消极地坚持“非暴力”，而是将其转化为一场积极的“不合作”抵抗运动。可见，“勿施”可以成为一种有选择、有意向、有抗衡作用的积极作为。

综上所述，“恕”的三个定理性论断，告诉我们如何避免冲突、如何化解冲突、如何应对冲突——能否“行于天下”，大家可在实践中自行检验。

与孔子讨论“平等”

设想一下，如果孔子在世，今天在课堂上与弟子们讨论“平等”问题，会是怎样一番景象？

弟子或许问：美国《独立宣言》说，我们认为下面这些真理是不言而喻的，人人生而平等……夫子赞同吗？

孔子会说：诚哉是言也！仁者，人也。把人当人，视他人为同类而友爱之，不是世间最大的平等吗？

弟子或许质疑：夫子一向认为人生而不同，社会存在等级，那人与人又如何能平等呢？

孔子会说：其恕乎！能做到“己所不欲，勿施于人”，不就是实现了平等吗？

这对话的场景虽是虚拟的，思想的逻辑却是真实的，从中可以得出两个重要的判断。

其一，从仁的角度而言，平等的实质，在于人与人之间的关系，而不在人与人之间的差异。

在平等问题上，孔子一向被后世所诟病，因为他认为人生而不同，社会存在着等级。其实，孔子只是说了实话。人们因在体能和智力上的天生差异，以及出身背景的不同，在社会竞争中必然各具优势或劣势，从而造成不同的社会地位，形成不同的等级。

如果说社会是一个竞技场，那么人生就是一场赛跑，有起点、过程、终点。每个人的起点不同，终点也不尽一样。一个公正社会所能做到的，是保证比赛规则的公平，但是，比赛规则的公平，也只能使比赛分出胜负高下，并不能保证大家同时抵达终点。

人的差异可能导致社会地位的不同，从而产生不平等现象，而不平等可能造成更大差异，使不平等现象得以延续，两者互为因果。那么，能不能要求所有人接受一个没有差异的最终结果，建立一个“人人平等”的社会呢？显然不行，因为一个平等社会不可能以不公平的手段来建立，而强制的平均主义不仅会扼杀社会竞争活力，还可能将人类引向更不平等的歧途。

这里，“平等”似乎陷入了“悖论”。要想走出这一“悖论”，我们首先需要承认：差异不等同于“不平等”，人与人之间的“平等”，应当超越人与人之间的“差异”。

其次，以恕为标准，人与人之间平等关系的建立，不取决于双方是否有差异，而取决于任何一方都不将“己所不欲”强加于另一方。

因此，人与人之间，做到了“己所不欲，勿施于人”，也就是实现了平等。换一种说法，将“己所不欲”强加于他人，才是真正的“不平等”。

这一点从现代学者的研究中也可得到印证。美国学者约翰·罗尔斯的《正义论》，通过设想一种“原初状态”，发现了平等（公正社会）的两个要素：一是自由，二是物资的公平分配。这既告诉我们“平等”意味着什么，也告诉了我们“不平等”意味着什么。不平等，首先是对人的自由权利的限制和剥夺。这种限制和剥夺，常常与种族、阶级、出身、信仰、性别有关；其次是物资分配的不公平，主要涉及机会均等和差异原则。罗尔斯的结论是，机会均等的重要性显然超过差异原则，也就是说，即使在物资分配领域，公平参与的权利，远比物资分配上的实际差异，更具平等意义。

由此推论，造成不平等的根源，是一些人将“己所不欲”的“剥夺和限制”——无论是在自由领域还是在物资分配领域——强加于另一些人。

回到前面那场赛跑的比喻。假如有人跑得比你快，这不构成“不平等”，只有当有人以各种理由不许你参赛或妨碍你跑步，那才构成“不平等”。同理，社会平等不是为了大家能同时冲向终点，而只是确保每个人的参赛权利不被剥夺和限制。

如果上述两个判断成立，而我们对社会进步又足够乐观的话，可以说，即使在一个充满差异的社会里，人与人之间仍有可能构建一种平等关系。举个极端点的例子，住在破屋里的农夫和住在宫殿的国王，能够有某种“平等”——如果农夫的破屋，未经允许，“风能进，雨能进，国王不能进”。怎样就“不平等”了呢？那就是国王随时可以拆掉农夫的破屋，并把他抓去修长城。这个例子似乎还提示我们，平等之路，应始于权利的争取，而不是“均贫富”。

自由如何“不逾矩”？

七十岁时，孔子说自己达到了“从心所欲不逾矩”的自由境界。这说明了两点，一是老先生毕竟热爱自由；二是即使在“从心所欲”的自由里，仍有不可逾越之“矩”。

这不可逾越之“矩”，应该是个人自由的界限。那么，这个界限该如何确定呢？

英国思想家约翰·密尔提出过一个著名的“伤害原则”——能阻止我做想做之事的唯一理由是，别人可能因此受到伤害。他用一个形象的例子来说明：我挥舞拳头的自由，在打到你的脸之前就结束了。

在人与人的双向关系中，这种伤害是直接的，不难理解，但人是处在一个复杂的社会关系网络中，个人行为对网络中的其他人造成的伤害，有时是间接的。比如，一个人的自杀，虽没有直接伤害别人——按照存在主义者的观点，他完全有权利这么做——却可能对其亲友造成巨大的间接伤害。

前者是“直接伤害”，后者是“间接伤害”。约翰·密尔的“伤害原则”界定了前者，但未能涵盖后者。

直接伤害，法律可以界定，人们容易取得共识；而间接伤害，则处于道德、规矩、习俗主宰的领域——人类的麻烦、纠结和困境往往汇集于此。

为什么？因为间接伤害，让人们面对的不是一道对错的判断题，而是一道做出取舍的选择题。这里没有一定之规，也无万全之策，常将人类置于两难的境地。因此，哈姆雷特在“生还是死”的问题上犹豫不决，而“母亲与妻子同时落水，先救谁”也成了“千古难题”。

孔子显然意识到这伦理上的“两难”，也许正是担心人们生活中无所适从，他在“法”之外，引入了“礼”的概念。

法，通过禁止做什么来避免直接伤害；礼，则通过告知应该如何做来避免或减少间接伤害。

孔子对“礼”的重视和强调，达到了异乎寻常的程度。颜渊问仁。孔子回答：“克己复礼。”颜渊继续问，能具体点吗？孔子说：“非礼勿视，非礼勿听，非礼勿言，非礼勿动。”（《论语·颜渊 1》）这话说得斩钉截铁，不容商量，大概唯一可以讨论的是：“礼”是什么？

礼，不仅是出场次序的先后，宴会座位的安排，更是这些仪式或规范背后所体现出的一个排序优先的原则——谁先谁后之中，体现着孰重孰轻。

作为一种基于排序优先原则形成的社会习规，礼让我们知道该如何穿衣吃饭、待人接物，小到家事，大到国事，直到“两难”之事，该如何取舍。

家庭以父母为重，便有了“孝”；国家以君王为重，便有了“忠”；当“忠孝不能两全”时，国家重于家庭，“尽忠”是理所当然的选择。这些行为选择的背后，体现出的排序优先原则是“国家—家庭—个人”。这意味着，当你的个人意愿与家庭和国家产生冲突时，你要放下个人意愿，以家庭和国家为重，在家顺从父母，于国听命于君王。所有符合这一排序优先原则的行为，会被视为“知礼”，而不符合的话，就会被视为“违礼”。

汉儒的“三纲五常”中的“三纲”，更是将这一排序优先原则推向极端，归纳为，“君为臣纲，父为子纲，夫为妻纲”，其结果是，个人完全失去了选择的自由，“礼”也由对人的约束变成了对人的束缚。

“礼”的如此异变，不知是不是当年孔子的初衷？“复礼”是孔子一生的政治梦想，更被其视为是一条“天下归仁”的大道。既然是“复礼”，这说明，孔子想“复”之“礼”，在当时就已失去，而孔子终其一生，也未能成功“复礼”。

孔子想复之“礼”，到底是什么样子？今天难知其详，只能推断。从孟子“民为贵，社稷次之，君为轻”之语，大概可以看出，其背后的排序优先原则应该是“民众—社稷—君王”，这与汉儒提倡的“三纲五常”之“礼”，取向并不完全相同。

其实，早期儒学对“个人”还是重视的，最好的人生是“修身，齐家，治国，平天下”。个人，是这一过程的起点，亦是终点，更是贯彻始终的主体。回归个人，也许才能回到孔子的初衷。

事实上，封建社会向现代社会的转化，其背后也是社会排序优先原则的根本改变——“国家—家庭—个人”逐渐变为“个人—家庭—国家”。

旧礼被新规所取代，不变的是，我们有时仍要在现实的“两难”处境中做出取舍。

“两难”中怎样取舍？

当泰坦尼克号在冰海沉没时，让妇孺先登上救生艇，男士后走，船长和船员最后逃生。这样的安排，为现代人所接受，被视为合乎情理。这背后是一种道德共识，也是对一种社会排序优先原则的承认。

如果相反，当冰海沉船时，男士先走，妇孺留下，丈夫抛下妻子，父亲留下孩子，在此之前，船长和船员，更是先行一步，最后结局是小李子扮演的杰克活了下来，伤心地唱着《我心永恒》，怀念着为了救他而沉入海底的露丝。这样的安排，现代人感情上恐怕难以接受，因为，将逃生的优先权给予妇女和儿童，而不以社会地位的高低或财富的多少为考虑，被认为是道德的，而不是相反。

当然，这只是现代人的道德观。假设一下，在皇权时代，皇帝也在船上，让皇帝先下船逃生，显然是天经地义的事，更符合忠君之“大义”。以“三纲五常”的原则来安排逃生，泰坦尼克号上的妇女儿童们大概是没有多少逃生机会了，那个时代的人，也不会因此而良心不安。

这谁先谁后之中，体现出孰重孰轻，背后是一种排序优先原则，由此形成的社会习规，也就是我们通常所说的“礼”。

随着社会发展，其排序优先原则会有所改变，“礼”不是一成不变的，也会随之变化，以体现出文明的进步。

“礼”有许多作用，其中之一，就是面临两难之时，让我们知道该如何取舍。

当然，更有挑战性的是，在某种境况中，我们无“礼”可依。

伦理学中有一道著名的“电车难题”，是一个很好的例子。五个无辜的人被绑在电车轨道上，一辆失控的电车冲他们驶来。这时，你可以拉动一个拉杆，让电车开到另一条轨道上，但另一条轨道上也绑了一个人。你该怎么办？是见死不救，让五个人死亡，还是拉动拉杆，救下五个人，让那人去死呢？

这个反映伦理困境的难题，难就难在没有排序优先原则可依，也无法做出优先排序。

其实，这一伦理难题的解决，只有一个办法，就是社会达成共识——如果认为应当拉动拉杆，那么，拉动拉杆就是道德的；如果认为不应当拉动拉杆，那么，不拉动拉杆就是道德的；如果社会的共识是把决定权交给当事人，让他根据当时具体情况而灵活处置，那么，无论他怎么做，都是道德的。

因此，“礼”的合理与否，很大程度上，取决于公众的共识。

对于“礼”，孔子的态度是：“吾从众。”(《论语·子罕3》)说的也是这个道理。

对于“从众”，孔子向来是有所警惕的，他曾对子贡说：“众恶之”或“众好之”，都可能会有问题，值得细察。

在“礼”的问题上，孔子认为可以“从众”，这说明“礼”不是绝对的，而是可变的，有时，只是“两难”中的选择性安排。

说“孝”

仁自亲情始，亲情始于孝。一个人与他人建立的最初关系，是与父母之间的关系。仁者之“爱人”，首先体现在“孝”上，“孝”做不好，“爱人”也会落空。

把“孝”放在人与人之间关系的框架中来考察，或有助于理解其实质。

孔子与弟子宰予曾就“三年丧期”是否过长发生了激烈争论。宰予认为守丧三年过长，理由是“君子三年不为礼，礼必坏；三年不为乐，乐必崩”。孔子认为三年丧期合理，因为“子生三年，然后免于父母之怀”。这里，孔子将父母与子女之间的亲情关系回归到本原——孝的实质，是子女对父母养育之恩的回报。(《论语 · 阳货 21》) 宰予的观点是否有道理，暂且不论，但他惹得孔子很生气，后果很严重。宰予一离开，孔子就说：“予之不仁也！”——显然在品德课上给了宰予一个“不及格”，同时也把“孝”的问题提升到了“仁”的高度。

的确，孝，是“仁”的一种形态，既然属于“仁”的范畴，其中就有忠恕原则。现实中，父母子女之间的关系复杂微妙，“尽孝”之事，仅有孝心是不够的，还要讲“忠”和“恕”。

“子曰：‘事父母几谏。见志不从，又敬不违，劳而不怨。’”(《论语 · 里仁 18》) 意思是说事奉父母，如同进谏似的，要委婉地规劝，父母不愿听从时，仍要恭敬，不去违抗，只操心而不怨恨。又说：“忠焉，能勿诲乎？”(《论语 · 宪问 7》) ——这是“忠”。

“孟懿子问孝。子曰：‘无违。’”（《论语·为政 5》）“无违”是不违背，并非绝对顺从，其中原则还是有的，原则就是孔子对弟子樊迟的解释：“生，事之以礼。”——这是“恕”。

可见，孝，是父母子女之间的双方之事，有两点是明确的：

一是“孝”有前提。既然孝是对父母养育之恩的回报，那么，未尽养育之责的父母，比如遗弃孩子、虐待子女，道义上，自然无法要求子女尽孝。

二是“孝”有限度。孝顺之顺，不是绝对顺从，其中有“事之以礼”的界限。

这里，不得不说一下《二十四孝》。这本后世编撰的“孝道”宣传读本，将“孝”极端化，一些“孝子”作为，实在有些恐怖。像“老莱娱亲”之类，虽做作得滑稽，自我伤害还不算太大；“恣蚊饱血”“尝粪忧心”之类，已自虐得不近人情了；至于“郭巨埋儿”，完全是赤裸裸的“反人类罪”——不是在显示自己是“孝子”，而是在证明自己是“恶父”！

这些《二十四孝》里“孝子”故事，特点是把“孝”变成了一种必须以子女的彻底牺牲为代价才能完成的任务。这样一来，“孝”由一种亲情，变成了一种道德绑架，最终成为一种政治压迫。

“五四”新文化运动始于对以“孝”为核心的旧礼教的批判。吴虞在《新青年》杂志上发表了《家族制度与专制主义之根据》，鲁迅在小说《狂人日记》中发出了“救救孩子”的呐喊，不能不说切中要害。

民主，不仅仅是“多数”

民主，就本质而言，是一种决策机制，通过少数服从多数的方式，确保我们能做出得到多数人支持的决定，但未必是最好的选择——其原因，不仅因为“少数”有时可能是对的，还在于“多数”是一个可以质疑的概念。

“多数”之所以可质疑，在于其构成混杂，且易被利益所裹挟。多数，作为一个群体，其中有好人，也有不好之人，更多的则是介于好坏之间的“众人”。这一群体，缺乏相同的价值观念，常会因特定的利益而分化组合。

对于“多数”，孔子是持怀疑态度的。《论语》中记载：“子曰：‘众恶之，必察焉；众好之，必察焉。’”（《论语 · 卫灵公 28》）意思是，一个人，大家都说不好，定要细察；大家都说好，也要细察。

孔子对弟子子贡解释了其中缘由：“子贡问曰：‘乡人皆好之，何如？’子曰：‘未可也。’‘乡人皆恶之，何如？’子曰：‘未可也。不如乡人之善者好之，其不善者恶之。’”（《论语 · 子路 24》）

在孔子看来，乡人里，有善者，也有不善者。一个人，若“乡人皆好之”，需要细察的是：不善者为什么也说他好？若“乡人皆恶之”，需要细察的是：善者为什么也说他不好？孔子认为：一个贤者，不应该是大家都称赞的“乡愿”（老好人），而应是“善者好之，其不善者恶之”的君子。

据此，可以得出如下结论：

1. 所有人都支持的人和事，一定不是最好的选择（因为“不善者”也支持）；

2. 多数人支持的人和事，也未必是最好的选择（因为“善者”可能是反对的“少数”）。

孔子对于“多数”保持的清醒和警惕，并非没有道理，这一点为后来社会学中的“阿罗不可能性定理”所揭示。美国经济学家肯尼斯·阿罗（Kenneth J. Arrow）在其《社会选择与个人价值》一书中以数理逻辑的方式证明：如果众多社会成员具有不同偏好时，面对多种备选方案，仅依靠简单“少数服从多数”的投票原则，不可能得出令所有人都满意的最佳选择。

如果沿着孔子的思路继续探寻下去，我们发现，一个社会想做出最佳选择，需要符合两个条件：

1. “众好之”——得到“多数”的支持；

2. “善者好之”——得到“多数”中“善者”的支持。

以此推论，在民主决策程序中，只有同时得到“多数”和其中的“善者”的支持，才能确保做出最好的选择，两个条件缺一不可。

那么，问题来了，如何找到“善者”呢？

对此，中国传统政治的解决方案是“贤能政治”——“选贤与能”，先是举荐制，后有科举制。前者常因“举贤不避亲”而搞成了裙带关系；后者多些公平，不过，科举制选拔出的多是“能者”，未必是“贤者”。“贤者”更接近于“善者”，考试是考不出来的。

其实，“选贤”——在民众中找出“善者”，是一项难以完成的任务。

挑战来自三个方面：首先，在社会学上，“善者”，无法精准定义，具体甄别起来，定有争议；其次，“善者”并非一成不变，人总是在变化中，二十岁的“善者”，五十岁时可能变成“不善者”；第三，“善者”的荐选程序，易被人为操控，荐来选去，总会成“亲友团”。

“选贤”之事，我想，计算机做起来一定会比人做得好。基于大数据分析和数字化评估系统，计算机程序不难识别出人群中的“善者”——不是一个个完美的“善人”，而是一个最接近“善人”概念的群体。这样，被动筛选取代了人为推举，动态标准取代了静态定性，整体识别取代了个体甄别，如此，既能避免人性弱点，又能保证程序公正。

就民主决策程序而言，重要的是“善者”的判断，而不是“善者”的推选，也就是说，我们需要知道他们在具体问题上的想法，而并不一定需要知道他们具体是谁。

因此，计算机程序，通过选票统计和数据分析，既能准确做出一个“众好之”的选择，也能判断出这一选择是否“善者好之”。

当然，人类社会的问题，是利益问题，不是数学问题，不过，数字化决策，是民主政治发展的必由之路。比如，表决、选举、公投，都是将争议付之于投票——如果大家有投票权的话。

从“不为”到“知止”

判断一个人，要看其“所为”，更要看其“不为”。孔子说：“听其言而观其行。”（《论语·公冶长10》）这“观其行”，不仅要看他“做什么”，更要看他“不做什么”。

判断君子和小人，如果只看是否谈仁说义，很可能看错；如果再看一下能否不“巧言令色”，就会准确得多。这背后的逻辑是，君子和小人都可能高谈仁义，君子却不会“巧言令色”。

这是一种很有意思的判断方法：一个人的“不为”，更能显示他的品质和底线。

孔子的弟子子游在武城主政，孔子问他发现了什么人才？子游回答：“有澹台灭明者，行不由径，非公事，未尝至于偃之室也。”（《论语·雍也14》）说有一个叫澹台灭明的人，行路不走小道，除了公事，从不到我屋子里来拜谒。从不为私事而拜谒长官一事，子游看出了澹台灭明的品质。

另一个例子。弟子子路和冉求都在季府做事。有人问孔子，作为臣属，他们对季氏一定唯命是从吧？孔子回答：“弑父与君，亦不从也。”（《论语·先进24》）这是对自己弟子的信任，相信他们有底线，杀父弑君之事，决不会跟着干的。

孔子对人的判断，可谓是用一种“负的方法”——观其“不为”，也就更能判断其“所为”。冯友兰曾提到，中国哲学认识论上有一种“负的方法”——定义某一事物，只说它不是什么，从而显示出其本性。（《中国哲学简史》）

为什么一个人的“不为”比“所为”，更能显示其品质呢？

这里，触及儒家的一个核心概念：“不为”。

不要小看这“不为”两个字。“不为”，有时比“为”更难做到。儒家向来将“不为”视为一种“为”。法律或戒律的禁令，告诫人们“不能做什么”，重点在所禁之事；儒家之“不为”，强调“如何能不做”，重点在“不为”本身。儒家的“克己”和“修身”，都是在“不为”上下功夫。

因此，“不为”，不是被动的“不为”，而是主动的“不为”，实质是“知止”。

在孔子看来，人之仁与不仁，不在于是否比他人在某一方面强多少，而在于是否“知止”。何谓“知止”？“子曰：‘于止，知其所止。’”（《礼记·大学》）——知道自己的行为应该在哪里停止。《大学》又言“知止而后有定”，并认为仁的最高境界“在止于至善”。

在这一点上，荀子有过进一步发挥：“君子之所谓贤者，非能遍能人之所能之谓也；君子之所谓知者，非能遍知人之所知之谓也；君子之所谓辩者，非能遍辩人之所辩之谓也；君子之所谓察者，非能遍察人之所察之谓也；有所止矣。”（《荀子·儒效》）就是说，贤者不是比别人更能干、更博识、更雄辩、更有洞察力，而是懂得“有所止矣”。

其实，人类文明发展的核心，是“知止”——知道人类行为的界限在哪里，什么能做，什么不能做。不然，所有的社会进步、科技发明和经济发展，都可能走向文明的反面。

“仁政”的设计缺陷

仁政，听着有点宏大，其实，就是统治者与被统治者之间的一项“政治协议”，主要有四个“承诺”：好的君王——以德治国；好的治理——贤能政治；好的生活——小康社会；而核心是不滥用暴力——不嗜杀人。

这四个“承诺”中，不滥用暴力是决定性的。这一点做不到，其他也就失去意义。在恐怖统治下，即使吃饱穿暖、秩序良好，也不是“仁政”。

“仁政”是孔子的提案，代表的是被统治阶层的意愿，当然，为了让统治阶层更容易接受，游说诸侯时，他反复强调这是为了当政者的根本利益，什么“仁者无敌”啊，什么“近悦远来”啊，也算是一种推销技巧。现实中，发现“仁政”不管用而弃之的，多是君王，少有百姓骂“仁政”的。

梁襄王问孟子：“天下恶乎定？”孟子答：“定于一。”又问：“孰能一之？”孟子对曰：“不嗜杀人者能一之。”（《孟子·梁惠王上》）梁襄王问天下如何才能安定？孟子说，天下统一了，就能安定了；又问：谁能统一？孟子回答：不乱杀人者能统一天下。不过，后来杀人最多的秦始皇统一了天下，孟子说错了。好在暴秦二世而亡，刘邦与父老约法三章，第一条就是“杀人者死”，天下方才安定下来，算是为孟子挽回一点颜面，证明还是“孔子说得对”。

为了仁政的实施，后世儒生想出了许多具体措施，比如，君王承继的规矩、官员选拔的制度、轻赋薄税的政策，然而，完美的治国方案，一直有个致命缺陷——没有“违约设计”。

当统治者各项“承诺”一一落空，也就是说，当君王昏聩、能臣贪腐、苛政“猛于虎”、“暴君”出现之时，儒家没有切实可行的应对之策，整个体制也缺乏抗衡、制约和反抗之力。历史上，此类情况屡屡发生。王朝的周期性兴衰，便是明证。

面对极端状况，孔子的办法，是把“无道之君”和“乱臣贼子”一齐写进《春秋》，对于不敬畏历史的人来说，这办法似乎没有多少威慑力量。孟子给出了另外两个建议：一是“造反”，学汤武革命，弑暴君不过是“诛一夫”（《孟子·梁惠王下》）；二是“移民”，“无罪而杀士，则大夫可以去；无罪而戮民，则士可以徙”（《孟子·离娄下》）。前者过于激烈，非常人所能为；后者倒是实用，是百姓的选项——传统文化的博大精深，于此可见一斑。

一个商业合同，如果没有“违约条款”，就容易被背弃；一个政治承诺，没有“违约设计”，就难以被遵守。两千多年来，“仁政”难以真正实现，这或许就是原因。

真正的问题是，除了“暴动”和“跑路”，“仁政”还能有什么别的“违约设计”吗？

“专制”，还是“共治”？

宋初宰相赵普说过：“半部《论语》治天下。”这句半认真、半玩笑的话，说出了一个历史事实——两千多年来，孔子学说只有部分被发展和利用，成为中国君主专制体制的思想基础。

其实，孔子不是“君主专制”的倡导者，原因很简单，他那个时代，还没有“大秦帝国”，更没有“始皇帝”。春秋之时，还是周天子“封建邦国制”的天下，离“始皇帝”的“大秦帝国”的出现，尚有两百五十多年。

孔子没有“超前”的君主专制思想，虽然一生竭力维护周天子的权威，既“尊王”，又“忠君”，对“犯上作乱”的乱臣贼子深恶痛绝，但从未主张集天下之权于君主一身。

孔子的政治理想是“仁政”，仁政的体制不是“专制”，而是“共治”。

孔子心中的理想社会，抛开上古的尧舜盛世不说，是所谓“直道而行”的“三代”。“三代”之中，夏、商年代久远，湮灭难寻，唯周朝去时未远，体制尚在，典籍犹存，可供借鉴。

孔子说：“周监于二代。郁郁乎文哉！吾从周。”（《论语·八佾 14》）他认为周朝的政治制度借鉴了夏、商体制，从而达到完美状态，是一个“天下有道”的时代。同样的意思，他在另一处也曾表达：“大道之行也，与三代之英，丘未之逮也，而有志焉。”（《礼记·礼运篇》）

周朝提供了一个理想社会的模式，从“周制”中，可以看出“仁政”的雏形。

“周制”的特点是“共治”，其“共治”基于天子与诸侯、君与臣、君与民之间的三重关系。

先说天子与诸侯的关系。周天子，虽是天下君王，其实更像一个盟主，他可以分封诸侯，却不能直接干涉诸侯国“内政”。作为“天子”，他拥有两项重要的权力，即“礼乐征伐自天子出”（《论语·季氏 2》）。礼乐，维护了天子“政在中央”的权威；征伐，掌控了“宣战”之权——只有周天子才有权对某个诸侯进行讨伐。这使得天子与诸侯之间构成了一个上下依存、相互制约的分权格局。

到了春秋，已是孔子所说的“天下无道”的时代了，其标志就是“礼乐征伐自诸侯出”。前者，让周天子的“中央”权威尽失，孔子为此发出“是可忍，孰不可忍？！”之叹；后者，使诸侯之间征伐不断，战火难息，孟子因此做出“春秋无义战”的断言。天子与诸侯之间相互制约的分权格局就此而被彻底破坏。

再说君臣之间的关系。孔子在回答鲁定公之问时说：“君使臣以礼，臣事君以忠。”（《论语·八佾19》）君臣之间也是一种上下依存、相互制约的关系。“君使臣以礼”，是说君王任用臣下，不可将其视为犬马，任意驱使，随意杀戮；而“臣事君以忠”，是说臣下忠于君王，也并非一切以君王意志为是非标准，“忠”字里面有“直言相谏”之意。子路问如何“事君”，孔子回答：“勿欺也，而犯之。”（《论语·宪问22》）鲁定公问有没有“一言而丧邦”，孔子将君王“唯其言而莫予违也”视为亡国之兆（《论语·子路15》）。

至于君与民的关系，虽是统治与被统治的关系，其中也有相互的制约。“君权天授”是有条件的，就是君王要有“仁德”，不然，君王的天下，“虽得之，必失之”（《论语·卫灵公33》）。如何判断一个君王是否“仁德”呢？则是看其对待民众的态度。孔子这一观点，后经孟子发展，成为儒家“民本”思想的经典论述，“民为贵，社稷次之，君为轻”（《孟子·尽心下》）。

"周制"的"共治"，关键在于天子与诸侯、群臣、民众之间存在一种上下依存、相互制约的双向关系。作为对比，后来的"秦政"，即君主专制体制，君主与诸侯、群臣、民众之间，完全是一种由上而下的单向关系——君主对所有人都拥有生杀予夺的绝对权力。

孔子在"周制"上寄托了自己一生的"仁政"梦想，可惜，历史并没有按照他的意愿来发展。从春秋到战国，再到大秦帝国，天下没有走回"共治"，而是走向了"专制"——"周制"最终被"秦政"所取代。

这不是孔子希望看到的结局。对此，孔子不是一点没有预感的。子路说过自己的老师："道之不行，已知之矣。"（《论语·微子 7》）

"半部《论语》""专制"了天下，好在还有另外"半部《论语》"，留存着孔子"共治"的仁政之梦。

梦想还是要有的，万一实现了呢？

第二章 “两端”：孔子的方法论

这一部分的文章，探讨的是孔子的“两端”方法论，并以此方法论，反观孔子的“仁”之说，以及“性善”与“性恶”之类的千古论辩，同时，也涉及一些现代议题。

孔子的“两端”方法论，可总结为：始于“两端”，推至“极端”，归于两端之间。

方法论是工具，犹如庖丁手中之刀，有了它，“解牛”之时，就能运斤成风，一些疑难之处，不敢说“迎刃而解”，多少能有些新的理解和发现。

孔子的方法论

自古以来，伟大的思想家，都有自己的方法论。没有方法论的思想家，不会有思想体系，只能有思想火花。

孔子也有自己的方法论，不然，其思想形不成学说，《论语》也会成了一部“思想火花集”。

孔子的方法论是什么呢？这在《论语》中有过清晰的表述：

“子曰：‘吾有知乎哉？无知也。有鄙夫问于我，空空如也，我叩其两端而竭焉。’”（《论语·子罕 8》）

孔子以博学著称，众人以为他无所不知，而他并不认同，只承认自己知道如何获取知识，寻求答案。当乡野之人向他请教时，虽然对问题一无所知，感觉“空空如也”，但他“叩其两端”——从问题的两端去探寻，并“竭焉”—— 坚持寻根问底，终于找到了问题的答案。

这段话里，蕴含着孔子方法论的诸多要点。

对一个事物的认识，是一个从“无知”到“有知”的过程，这一过程中，有三个关键步骤——“空空如也”“叩其两端”和“竭焉”。

首先，“空空如也”——不仅是认知者承认自己“无知”的虚心状态，更是表示事物的本质隐而未现。钱锺书先生对此有独到的释读：“如《论语·子罕 8》：‘空空如也’，‘空’可训虚无，亦可训诚悫，两义不同而亦不倍。”（《管锥编·周易正义［论易之三名］》）这是一个重要的论断：事物的本质，只有在它与其他事物的关系中，才能显现。以“人性”为例，无论善恶，只在人与他人关系中才会具体显现出来。

其次，“叩其两端”——既然事物本质只能在与其他事物的相互关系中显现，那么，对事物的认知也应从关系的“两端”展开。譬如，说到“恕”，需要从“己”与“人”两端来理解，而不可只取一端。忠、孝之类，亦是双方之事，一端变化必引起另一端变化。

第三，“竭焉”——即推而极之，将“两端”推演到极端，以认识事物的本原和极限。很多事情，不回归到本原难以判断，不推演到极限无法看清。将善恶推向极端，追溯根源，迫近边缘，便会对“人性”有更深的洞悉。

孔子“两端”方法论，可总结如下：

1. “空空如也”，事物的本质空无，只有置于关系中才能显现；
2. “叩其两端”，事物的本质取决于关系的“两端”，需要从“两端”去理解；
3. “竭焉”，事物的本质受“两端”限定，只有推演到极端才能看清。

这里，有必要比较一下孔子的“两端法”与唯物辩证法之“一分为二”的异同。

“一分为二”将事物看作一个矛盾的统一体，包含着相互对立而又统一的两个方面，其方法论意义在于对事物进行全面分析——看到事物的一个方面，也要看到另一方面。

“一分为二”与“两端法”，同为方法论，却各有侧重。

首先，就事物本质而言，“一分为二”认为事物本质取决于自身内部的矛盾；而“两端论”认为事物本质不能被自身定义，必须通过与其他事物的关联才能存而显现。

比如，人的本质，以“一分为二”观点，是一个矛盾的统一体，决定于内在的人性和兽性，或是善与恶。从“两端法”来看，人的本质只有在与他人的关系中才能显现——因为有父母，你显现出本性中作为子女的特质；因为有兄弟姐妹，你显现出本性中作为兄弟姐妹的特质；换句话说，我们本性的某一部分特质，只有通过与他人的某种关系——亲人、爱侣、朋友、仇人——才能显现出来，通过各种关系所呈现出的各种特质构成了一个人的本质。这倒符合马克思的一个著名观点——人的本质是一切社会关系的总和。

其次，就观察角度而言，“一分为二”是从事物自身的“一端”去观察，看到事物自身的两个方面；“两端法”是从事物和关联事物的“两端”去观察，在相互关系中看到事物所呈现的本质。

以认识中国为例。“一分为二”的方法，是从中国社会内在矛盾分析入手，看到中国社会正反两面，从而确定中国社会的性质。以“两端法”来看，不仅要从中国看中国，更要从世界他国的角度来看中国，中国社会的性质只有在与其他国家的关系中，才会真正显现出来。

第三，就相互关联而言，“一分为二”承认事物间的普遍联系，但将一切联系都归结为“对立统一”，并以对立为主，最终是一方战胜另一方；“两端法”则强调事物双方的相互依存，以共存为前提，不执“一端”，而“执其中”。

就像面对阶级冲突问题，可以有不同的解决方案。“阶级斗争”曾被视为捷径——不是资产阶级战胜无产阶级，就是无产阶级战胜资产阶级，其实，这不是一条走得通的路，当一个阶级被消灭了，另一个阶级也就无法存在，除非内部再分化出新的阶级。化解阶级冲突，另一途径或许更为有效：在资产阶级和无产阶级之间发展一个“中产阶级”——他们仍是劳动者，但不再处于被残酷剥削的地位；他们还不是资本家，却通过股权安排，可以分享资本的收益。

孔子“两端”方法论，虽与唯物辩证法的“一分为二”立论不同，却与之相通，并行不悖。钱锺书先生视其为“儒家辩证”，曾说：“参之《中庸》之‘执其两端用其中’，亦儒家于辩证之发凡立则也。”（《管锥编 · 老子王弼注 2 章》）《管锥编》讨论了几乎所有重要典籍，却没有专门评说《论语》，私下揣测，恐怕是当年“批林批孔”如火如荼之际的避嫌之举。然而，钱锺书先生对孔子和《论语》的论述并不少，散见于各章，上面这段话就是在评老子时说的，可谓“夫人不言，言必有中”。

人之初，性本无

设想一下，一个人生来就独处荒岛，一生不与他人接触，能不能判断其“仁”或“不仁”？答案是：不能。

这说明，离开了人与人之间的关系，就无法讨论“仁”的概念。换句话说，一个人的仁与不仁，只就与他人关系而言，才有意义。

孔子将“仁”释为“爱人”，正是将“仁”置于人与他人关系中来阐释。以孔子“两端”方法论来看，事物的本质只在事物相互关系中呈现，因此，仁，只存于人与他人相互关系中间。

这好比爱情，必在两人之间存在。异性相吸，虽为天下至理，天下男女之间，并非一定都有爱情发生。爱生于心，是内心的产物，却是被外在对象所唤起。以前，恋爱之事，称之为

"谈对象","对象"一词,虽美感欠缺,却也直白,不涉男女性别、社会差别、生命类别,颇具"政治正确"的前瞻性。

爱情,离开了两人之间的关系,便不存在。

仁亦可作如是观。仁在心里,正如爱在心中,必与他人相关,才能生成。仁与不仁,就像爱与不爱,是以与他人关系为前提。

孔子认为,仁源自人的本性。"子曰:'仁远乎哉?我欲仁,斯仁至矣。'"(《论语·述而30》)孟子更是发扬其说:"人皆有不忍人之心。"又说:"恻隐之心,仁之端也。"(《孟子·公孙丑上》)

仁,源自人的本性,那么,不仁也是如此。这就涉及人性善恶的问题。

孟子言"性善",荀子说"性恶",孟、荀二人,立论相反,论证逻辑却一样,即人性自有善恶。

有关"性善""性恶"之争,被孟子大力批判的告子,其观点或许倒是对的。"告子曰:'性无善无不善也。'或曰:'性可以为善,可以为不善。'"他还比喻说:"性犹湍水也,决诸东方则东流,决诸西方则西流。人性之无分于善不善也,犹水之无分于东西也。"对此,孟子反驳道:"水信无分于东西,无分于上下乎?人性之善也,犹水之就下也。人无有不善,水无有不下。"(《孟子·告子上》)意思是,人性之向善,犹如同水之向低处流。

此处,孟夫子的话说得有点儿绝对了。由于地势、压力的原因,水往上流也并非不可能,不然,怎么会有喷泉呢?

为什么告子是对的呢？因为人之善恶，必与他人关系建立之后，才存而显现。在此之前，善恶并不存在，就像水在流出之前，无论东西上下，只是一种可能性，不是现实。

王国维就曾看到这一点，说告子之论，“虽为孟子所驳，然实孔子之真意”（《静安文集·论性》）。

告子的观点，到了明代王阳明那里，有了呼应。王阳明说：“无善无恶是心之体，有善有恶是意之动。”他认为“心即理”，人心具有判断善恶的灵智，而非自带善恶本身。不过，他还不够彻底，认为人有“良知”，本性“不恶”。门人问：“人皆有是心，心即理，何以有为善，有为不善？”他回答：“恶人之心，失其本体。”（《传习录·上卷》）因此，“此心光明”，蔽之生恶。由此推论，人心之中，善先恶后——依然是“心如明镜台”，还不是“明镜亦非台”。

实际上，人之初，性本无，善与恶，皆后出。

存在主义者认为“存在先于本质”，如果正确，似可进而言之：人性先于善恶，善恶始于关系。

以上观点，实际是将孔子“两端”方法论应用于“人性”而得出的一些判断。事物的本质“空空如也”，人性的本质自然也是空无；事物的本质置于关系中才能显现，人性的本质也只能通过与他人关系方能显现；事物的本质取决于关系的“两端”，人性亦会在与不同人的不同关系中被界定；事物推演到极端才能知道极限，人性也是如此，将善恶推向极端，便可看清人性的本原和边缘。

寻找“真我”

这是一个被普遍接受的理论：我们生活在一个个社会角色中，而常常失掉了自己的“真我”。

我们每个人真的有“真我”吗？这似乎是个问题。

丹麦哲学家克尔恺郭尔曾说，当一个人向别人介绍自己时——姓名、出生地、住址、职业、爱好等等——总有一些东西剩下来，那就是自己的“存在”，不能被思考和言说。这剩下的东西，或许就是“真我”？

德国哲学家海德格尔认为，人一出生，就被“抛入”社会，成为“常人”——被社会文化环境所塑造，自觉遵循各种习规。直到有一天，经过“畏”和“烦”，决心要彻底改变自我，才会去追求一种“真我”的生活。

在这一理论假设中，人生问题的解决在于找回丢失了的“真我”。

其实，我们找不回“真我”，因为它不存在。以孔子“两端”方法论来推论，人的本性，在没有和他人产生联系之前，其本质是“空空如也”。一旦进入社会，我们才会成为“社会人”——君子或小人——更好或更坏的“自我”。

这一点上，法国存在主义哲学家萨特的表述更为简明：你的行为不是来自你的“自我”，相反，你的“自我”来自你的行为。

因此，我们没有一个与生俱来的“真我”，只有一个随时生成的“真我”。

“真我”无法找回，却可践行。无论是当君子，还是做小人，都是“真我”的选择——即使是“装”，也是“真我”在装。

每日“三省”的曾参，到了晚年，有过“如临深渊，如履薄冰”的人生之叹，因为他深知，君子小人之间，常常只是一念之差。

荀子也说：“故小人可以为君子而不肯为君子；君子可以为小人而不肯为小人。”（《荀子 · 性恶》）

这说明什么？说明人性有一种“不确定性”——有变坏的可能，也有改善的空间。

这样，儒家的“修身”，便成了人生的必修课。

按照孔子的教诲，修身有两个方法：一是“克己”，二是“改过”。克己，是消除恶念，为人生划出“不为”的底线，避免人性向“恶”的深渊坠落。改过，是改正过错，让不完美的自己完美起来，让人生有向“善”的追求和快乐。

修身的目的，孟子说是“养正气”，王阳明说是“致良知”，实质上，都是为了实现一个更好的“真我”。

问题在于，“克己”趋于极端，便是“斗私”——从“灭人欲”到“狠斗私字一闪念”，一路相通；“改过”推而广之，便是“改造思想”——从改造“旧我”到培养“新人”，理由堂皇。“克己”和“改过”，可以用来培养品德，也可以用来控制思想。大道多岔路，一不小心就会走偏。

这里，更根本的问题是：如果人性可以改造，那么，谁来改造我们呢？

“好人”，还是“坏人”？

是好人，还是坏人？这个每个孩子都会问的问题，看似简单幼稚，实则为天下最难的问题。

一个人具体行为的好与坏，不难判断，利他为“好”，害人为“坏”，然而，“好人”和“坏人”的界定，却很困难，比如：一个人，有时做好事，有时做坏事；对某些人做好事，对另一些人做坏事；前半生做了好事，后半生做了坏事；做的事有人说好，有人说坏——这样的人，到底是好人还是坏人呢？即便如孔子，做人做到了“圣人”的境界，也仍然毁誉参半。

“好人”和“坏人”界定的难度，取决于人与人之间关系的复杂性，因为一个人的本质只能通过与他人关系而才能显现出来。

农耕社会，一个没有出过村子的人，只要孝悌，以诚待人，就是好人。外出入仕，一心做个清官忠臣，也是完满一生。当然，若父母不慈，孝子就难做了；若子孙不肖，为人父母也就不易了；在朝为官，如果碰上昏君或暴君，处境就会艰难，“忠”还是“不忠”，都是一个问题。

进入现代社会，赶上“三千年未有之大变局”或史无前例的“文化大革命”，人经受的考验就复杂多了，常常迫近极限，面临两难选择，翻天覆地之后，几无“完人”。

这说明什么？说明我们做好人的可能性，取决于所处的社会环境和经历的人和事，做一个纯粹“好人”，正变得越来越难——或许不可能了。

孔子认为，在三千弟子中，只有颜回一人，达到了纯粹“好人”的程度：“子曰：‘回也，其心三月不违仁。’”（《论语·雍也 7》）不过，颜回也只坚持了三个月。

后来，毛泽东也有著名“语录”：“一个人做点好事并不难，难的是一辈子做好事，不做坏事。”说的也是这个道理。

合乎逻辑的推论是，我们难以做纯粹的“好人”，也不会做绝对的“坏人”。一个人的人生定位，是在好坏的两端之间，至于是偏好，还是偏坏，全看个人努力了。

未来，人工智能最大的挑战，不是人机对弈，不是汽车自动驾驶，而是对“好人”和“坏人”的识别。

“好人”和“坏人”识别之难，不在定义描述，而在量化处理，对一个人的最终判断，大概只能基于其行为好坏的概率统计。

设想一下，当人工智能处理这一难题时，或许是这样的编程设计：在如下设定条件下，其“为善”概率超过百分之多少，即可判定为好人；其“作恶”概率超过百分之多少，即可判定为坏人；介于中间者，属于不好不坏之常人。

我们到底是“好人”还是“坏人”，就取决于这样一个百分比——“盖棺论定”之时，还可以“概率论定”。

平庸之恶 VS. 伟大之恶

美国政治学学者汉娜·阿伦特提出过一个“平庸之恶”的概念，是说一些平凡普通之人，以“国家行为”或“听命行事”的理由，犯下骇人的罪行。1961 年，作为《纽约客》特派记者，她在耶路撒冷报道一场对纳粹分子阿道夫·艾希曼的刑事审判。

阿道夫·艾希曼，曾在对犹太人的“大屠杀”中扮演重要角色，签发过数万犹太人的处决命令，是众人眼里的“恶魔”。不过，据汉娜·阿伦特的观察，他实际是一个平凡乏味之人：顺从、麻木和缺乏责任感。后来，汉娜·阿伦特将自己的所观所感写进了《艾希曼在耶路撒冷》一书，而“平庸之恶”的提出，就是她观察和思考的结果。

其实，人类社会，除“平庸之恶”外，更有一种“伟大之恶”——伟大之人，以“国家前途”“历史使命”“人类理想”的名义，对他人犯下巨大罪行。

“平庸之恶”是“庸人”的被动作为，“伟大之恶”却是“伟人”的主动所为。

坦率而言，“伟人”要想实现“伟大之恶”，并不容易，必须借助三样东西。

一是“名分”。人的“名分”常能赋予其行为的正当性。有些事情，常人不能做，君王可以做，比如，君王可以杀人，即便杀错，也不会被追究。几千年来，那么多人想当皇帝，就是想获得这种不受任何约束的“绝对权力”。许多恶行，常因社会角色或制度安排而被容忍。

二是“伟业”。一些历史“伟业”也能使人失去正常的价值判断，所谓“一将功成万骨枯”，只要“功成”，就没有人在意这“万骨枯”是否值得，更不论“功成”本身的善恶。人类历史上，基于残暴和血腥的“伟业”有许多，至今被人艳羡和颂扬。

三是“理想”。人类的恶行还能从宏大“理想”中获取同情和谅解。任何一场社会革命或政治运动，都有自己的学说或主义，勾画出一个宏大“愿景”。古代农民起义，常以“均贫富”为口号；近代社会革命，多以“自由”“平等”或“解放全人类”为目标。在实现“理想”的过程中，方法和手段都成为次要问题。人们会被告知：为了抵达天堂，先要蹈过“血海”。

那么，如何辨别“伟大之恶”呢？方法也有三个。

一是除去“名分”的魅幻，看人的行为本身——无论君王还是领袖，“名分”无法改变行为本身的性质，杀戮就是杀戮，掠夺就是掠夺，陷害就是陷害，欺骗就是欺骗。除去“名分”，回归人的本原，是非自显。

二是透过“伟业”的辉煌，看其中人与人的关系。秦始皇横扫六国、一统天下，不能不说是千古之“伟业”，虽得到一些历史学者和政治家颂扬，却一直得不到民间的认可，为什么？鲁仲连说秦国“权使其士，虏使其民”(《战国策 · 赵策三》)，是看透了秦王与黔首们的关系；司马迁说“始皇帝”实乃“以暴虐为天下始”(《史记 · 秦始皇本纪》)，更是道出了大秦帝国的实质。

三是不受“理想”的蛊惑，从现实去推演未来。在这方面，五十多年前的“文革”，可以说是一个殷鉴未远的例子。如果在一场社会运动中，打砸烧抢都成为“正义”之举，那么，其追求的“政治理想”，多少是值得怀疑的。悬置“理想”，从现实境况“推而极之”，往往能看清通往“理想”的道路，是正道还是邪路。

“伟大之恶”比“平庸之恶”危害更大。“平庸之恶”使得

“伟大之恶”成为可能，但若没有“伟大之恶”，就不会有“平庸之恶”——这是一事之“两端”。

政治，说到底，是统治者和被统治者之间的关系。通过这“两端”之间的关系，可以判断一个社会的实质——若是主奴关系，便是奴隶制；若是君臣关系，便是君主制；若是强人和弱众的关系，便是独裁制；若是平等而相互制约的关系，大概便是民主制了。

“格物”如何“致知”？

据说，王阳明年轻时服膺朱熹“格物”之说，相信“一草一木，皆涵至理”，便在庭中取竹“格之”，沉思其理，一格就是七日，格来格去，竟格出病来，没有致知，反而致病。

“格物致知”，是后世儒学的方法论，语出《礼记·大学》，“致知在格物，物格而后知至”，为宋儒所推崇。程颐说：“万物皆只是一个天理……一物之理即万物之理。”（《河南程氏遗书·卷2》）而“格犹穷也，物犹理也。犹日穷其理而已矣”（《河南程氏遗书·卷25》）。朱熹进一步解释：“所谓格物，便是要就这形而下之器，穷得那形而上之道理而已。”（《朱子语类·卷62》）

王阳明观竹格物不成，不仅身体有了病，心理也很受伤，不过，也许正是在这伤痛中，萌生了日后“龙场悟道”的觉念。

十多年后，他在贵阳西北的群山野岭中，忽然悟到“心外无理”——“心即理也。天下又有心外之事、心外之理乎？”（《传习录·上卷》），从而创立了“心学”。当友人指岩中花树，质询其说：“天下无心外之物，如此花树，在深山中自开自落，于我心亦何关？”他则极而言之：“你未看此花时，此花与汝心同归于寂；你来看此花时，则此花颜色一时明白起来，便知此花不在你的心外。”（《传习录·下卷》）其言卓绝尽透，“唯心”之彻底和深刻，不让两百多年后德国的康德。

然而，以孔子的“两端”方法论观之，宋之理学，明之心学，寻求“天理”，一个从外物，一个自内心，皆有各执“一端”之偏。

宋儒“格物”，从外物去“穷理”，只得物之理，以物之理“致知”，仍得“物理”；明代“心学”，从内心去“致良知”，只得心之理，以心之理“格物”，仍是“心理”。

那么，“格物”如何“致知”呢？

天下之道，在于外物和内心的相互关系之间，即“物”与“心”的“两端”之间。既然是“两”端之间，必有互动关系。物是心中物，心乃物之心，两者相互依存，相互限定。

物的存在状态，取决于心的参与，就好像量子力学所揭示的那样，电子是粒子还是波，在A点还是在B点，完全取决于你的测量。人的意识，不仅是被动的观察者，还是必然的参与方。

作为心之端，人的意识，亦是一种存在。人的意识，只能以其存在的方式来感知“物质世界”，也就是说，人对事物的理解，被自我意识的存在方式所限定，比如，数学上，黄金分割比例确实存在，只是这一比例的存在完全基于人类意识中的审美偏好。

回到王阳明“观竹格物”的故事。竹之本质，不在竹，亦不在心，而在竹与心之间交集之处。

观过竹的人，与没有观过竹的人相比，自是不同，从此“胸有成竹”，“竹子”渗入意识，留下永久印记，这不难理解。难的问题是，那些被人观过的竹和没有被人观过的竹，会有什么不同吗？会因被人的意识观照而有所改变吗？这是我们目前还无法回答的。不过，在这人竹之间的意识纠缠中，透露出来的正是“天人之道”的奥秘。

第三章 “用其中”：天、人之间的中庸思维

任何学说，能传承至今，必有一种洞见——如道家之“道”、佛家之“悟”，对孔子和儒家而言，则是“中庸”。

中庸，就本质而言，是选择之道，可以概括为“执两用中”。下面的文章，重点关注的是如何“用中”。“执两”必须“用中”，不然，“执两”也就失去意义了。只是这一问题的探讨，最后找到的可能不是结论，而是更多的问题。

理解“中庸”，需要先从孔子的“天人之道”说起。

《论语》中的“道”

孔子之学，“道”在其中。他说：“朝闻道，夕死可矣。”（《论语·里仁 8》）可见，一生“学而不厌”，求的是“道”。

最新的例证是海昏侯墓刚出土的竹简，据说里面发现了失传千年的《齐论语》，其中有《知道》一篇。一枚竹简写有“智道”两字，“智”“知”相通，无论是“智道”还是“知道”，都

说明有“道”存焉。更重要的是，竹简上还有新的“子曰”：“此道之美也，莫之御也。”

孔子之学，是仁。仁者，人也。忠恕也好，礼乐也好，皆是人与人相处的准则，人之道也。

“人之道”之外，孔子深知，还有“天之道”。他说：“加我数年，五十以学《易》，可以无大过矣。”（《论语·述而17》）又说自己“五十知天命”，证明那时已潜研天道，并深有感悟了。

史书上有关“子见老子”的记载，相信是真的。《道德经》成书应早于诸子各家，孔子读过老子之书，并向老子请教，虽无实据，却合情理，毕竟，老子更加注重“天之道”，说出过“道可道，非常道”的名言。

古人云：“天道远，人道迩。”孔子由迩至远，由人道而天道，最终探究的，却是人道与天道之间的关系。

人道与天道之间有什么样的关系呢？

首先，人道无法超越天道。孔子说：“道之将行也与？命也；道之将废也与？命也。”（《论语·宪问36》）人道的发展最终取决于天道的运行。因此，君子要“知天命”，又要“畏天命”。孟子发挥其意：“尽其心者，知其性也。知其性，则知天矣。”（《孟子·尽心上》）这一点上，先贤们似乎观点相近，“人定胜天”的话，都是不敢说的。

比如，人类无法超越生死。子路问“死”，孔子说：“未知生，焉知死？”（《论语·先进12》）虽未直接回答，却不否认“死”之必然。

又比如，老子的“道生一，一生二，二生三，三生万物”（《道

德经 · 42 章》)，说的是万物之演变。反观历史，从秦始皇一统天下，到楚汉相争，经“两汉”，到三国演义，然后是魏晋——先有“八王之乱”，后有“五胡十六国”，再往后是南北长期分裂、王朝频繁更替的南北朝，一直到隋、唐的再次统一，这冥冥之中，不是也可看出“天道”吗?

其次，人道不同于天道，天、人各有其道。孔子说：“天何言哉? 四时行焉，百物生焉，天何言哉? ”(《论语 · 阳货 19》)荀子说得更加明白：“天行有常，不为尧存，不为桀亡。”(《荀子 · 天论》) 天道运行，自有规律，无关人道。老子说：“天之道，损有余而补不足。人之道则不然，损不足以奉有余。”(《道德经 · 77 章》) 荀子说：“道者，非天之道，非地之道，人之所以道也。”(《荀子 · 儒效》)《易传 · 系辞上》论“道”，则有“不与圣人同忧”之说。可见，人道自有其道，并不与天道完全一致。

比如，人类无法超越生死，却想控制生死，于是，有了计划生育，有了试管婴儿，有了医疗养生，还有了安乐死。

又比如，人类文明社会的出现，就是走出自然界“丛林法则”的结果，必须以人与人的合作为前提。孔子的仁爱之学，正是人类合作的伦理原则。人类文明的本质，对天道而言，有时也是一种逆反。老子说“天地不仁”，是实话。

人道也好，天道也好，自古是圣贤们探讨的命题。其中真正令人困惑的是：人类，同时受制于天道、人道，又该如何应对这两难的处境呢? 孔子的回答，是“天人之道”。

《论语》中的“道”，有人道，有天道，还有天人之道。

天人之道，是孔子学说中最高深的部分，可惜，《论语》中只留下只言片语。

孔门未传之学

如果说，孔门中有什么未传之学，孔子的“天人之道”可算其一。

子贡说：“夫子之文章，可得而闻也；夫子之言性与天道，不可得而闻也。”（《论语·公冶长13》）这“性与天道”，即孔子的“天人之道”，子贡“不可得而闻也”，颜渊或许得而闻也，惜乎早亡，未能传也。

孔子关于“天人之道”的论述，如今已无详实的文字留存，不过，若以“性与天道”为“两端”，以其方法论为指引，通过推演，还是有可能一窥“天人之道”的奥秘。

“天人之道”的重点在“性与天道”——不在“性”，也不在“天道”，而在两者之间。

这好像《易传》所言：“一阴一阳之谓道。”道，不在阴，亦不在阳，而在阴阳之间。司马迁在《报任安书》中说“欲以究天人之际”，亦是此意，所谓“天人之际”，就是天、人之间。

“道”在中间，是理解孔子“天人之道”的关键——以天、人为两端，“道”在两者之间。这话也可反过来说：人类处于天道、人道双重制约的困境中，只能在两者之间寻找生路。

这条“生路”就是孔子的“天人之道”。我们违抗不了宇宙规律，却想通过科技征服自然；我们摆脱不了维持生命活力的动物性，又想趋向文明而改善人性。面对永恒的两难处境，天道和人道之间的“天人之道”，或许是最好的应对之策。

天人之道，不是简单的中间之路，而是“执两用中”之道。

“执两”，即孔子方法论中的“叩其两端”，是从事物间的相互关系的“两端”看问题。它既承认天道的合理，又承认人道的正当，现实的路径必是兼顾天道和人道之路。

“执两”的反面，是“执一”，“执一”是只取一端。孟子以杨朱的“为我”和墨子的“兼爱”为“执一”之例，前者“拔一毛而利天下，不为也”，后者“摩顶放踵利天下，为之”。孟子认为，正确的态度应当是“执中”——“执中则近之”（《孟子·尽心上》）。近之者，近“道”也。

“执一”错在哪里？孟子解释说：“所恶执一者，为其贼道也。举一而废百也。”（《孟子·尽心上》）意思是“执一”之弊，在于“举一而废百”，也就是以一个选择取代其他百种选项。

“执一”，是固守一端或两端中守着一个选择而不知变化，“执两”是从“两端”之间的无数选项中选出最佳的一个。

不妨以经济改革为例。市场和计划是其两端，“绝对市场”或“绝对计划”，都不是最好选择，难以持久。最优的改革政策一定在市场和计划之间的某一交集，基于无数选项的比较，并能应时而变。

因此，“执一”是一条选项越走越少的死路，而“执两”是一条能走出无限可能性的活路。

“执一”还是“执两”，从本质上讲，是两种不同的思维方式。

孔子说：“毋意，毋必，毋固，毋我。”（《论语·子罕4》）

这乱猜、武断、固执、自以为是，皆“执一”之态，而“执其两端，用其中”(《中庸》)，则是“执两”的真意。

“执两”是一种观察和理解世界的态度，但是，面对现实问题，想在“两端”之间找出可行之道，仅有“执两”的态度还不够，要有“用中”的方法。

如何“用中”，是孔子“天人之道”的核心。

“中庸”是做出抉择

“中庸”不是折中，不是中立，不是首鼠两端，也不是“既要……又要……”式的全面，而是做出抉择。

“中庸”之“庸”，通“用”，中庸即“中用”，也就是“用中”。“中庸”是在“两端”之间，做出最优的抉择。《中庸》里“择乎中庸”之语，一个“择”字，道出其真义。

因此，“中庸”是“用”的，用于抉择——有判断、有衡量，有取舍、有决断。

什么是“中”呢？程颐以“不偏”释“中”，偏矣；朱熹以“不偏不倚”释“中”(《中庸章句》)，更偏。

中者，“两端”之间，未必“两端”之“中”，以“适中”解释更为妥切。“适中”者，不是正中，可能偏左，可能偏右，只是其时其境，对“两端”而言，都是一个可能的最好选择。

中庸，就是在“两端”之间的无数可能性中做出一个“适中”的抉择。

如何才能在“两端”之间做出“适中”的抉择呢？

首先，“用中”要兼顾“两端”。“用中”的目的，不是为了一方战胜另一方，而是做出对双方而言都是最优的选择。这意味着“用中”，不是斗争哲学，而是基于“和”的理念。这一点上，它与西方的“博弈论”大有不同，“博弈论”追求的是对己方最优的策略，为的是战胜对手。

其次，“用中”不可“执一”。“适中”的选择，要权衡“两端”之间各种可能性，不可执于“一端”；对于所做出的选择，也不可“执一”，还要考虑到因地制宜、应时而变。“适中”不是不变，而是必变，此时此地的“适中”，未必是彼时彼地的“适中”。《礼记 · 中庸》有言：“君子之中庸也，君子而时中。”这“时中”之语，说的正是此意。

第三，在极端情境下，变通也是一种“用中”。这里涉及“中庸”理论中的另一个重要概念——“权”。“子曰：‘可与共学，未可与适道；可与适道，未可与立；可与立，未可与权。’”(《论语 · 子罕 30》) 意思是说，有的人，可以一起学习，未必能一起求道；有的人，可以一起求道，未必能一起成事；有的人，可以一起成事，未必能一起“权”。可见，学习之上，是求道；求道之上，是成事；成事之上，就是“权”。“权”，显然是更高的智慧。

孟子在“权”上，也多有论述，说：“执中无权，犹执一也。”(《孟子 · 尽心上》) 不懂得“权”，人的思维方式就会从“执两”堕入“执一”。

“权”的含义是，某些极端情境下，变通之举，也是“适中”之选。孟子举过一个有名的例子来说明：“嫂溺援之以手者，权也。"(《孟子·离娄上》)嫂子落水了，伸手相救，虽有违"男女授受不亲"之礼，此时此地，却是合情合理的行为——这是一种"权"。

司马迁《史记》中有另外一个例子。孔子经蒲回卫，蒲人不肯放行，孔子只好发誓，保证决不回卫国，但出了城门，他还是往卫国走。这让随行的子贡大惑不解，问：盟誓可以不遵守吗？孔子的回答是：胁迫下的盟誓，神是不会听的。(《史记·孔子世家》)正常人际关系中，人应该以诚待人，而在被胁迫的特殊情境下，说些"违心"之言，也是可以得到谅解的应急之举——这也是一种"权"。

钱锺书先生在《管锥编》中，于"权"有长论，说："'权'乃吾国古伦理学中一要义"，其结论是："'权'者，变'经'有善，而非废'经'不顾，故必有所不为。"(《管锥编·左传正义[成公15年]》)。此处，"经"是原则，原则可变通而不可废，变通是为了"善"。"权"者，仍有"有所不为"的底线。

"中庸"之用，就是以"用中"做出"适中"的抉择，并在特殊情境下，以"权"应变。

那么，如何判断"适中"与否？又如何衡量"权"的对错？这就要说到"度"了。

寻"度"

度，就是一条划在"两端"之间的"适中"之线。适中，即恰当、合适、正好——多了过度，少了不够。

例如，在解决社会冲突问题时，兼顾两端，找到一个对双方而言都是可能的最优选择，就是对“度”的寻求。

两端之间，想找出“度”来，并不容易。“度”是变量，具有一种“确定的不确定性”——知道其存在，却难以寻找其确切状态。

度，虽难定性，却可描述。

“度”在“过与不及”之间。“子曰：‘过犹不及。’”（《论语·先进16》）度，就位置而言，不是一个不偏不倚的正中，而是一个恰好合适之位。

“度”在不早不迟之间。“君子之中庸也，君子而时中。”（《礼记·中庸》）度，就时间而言，不是一个确定之时，而是一个恰当之时。

“度”在“一张一弛”之间。《礼记》有言：“一张一弛，文武之道也。”（《礼记·杂记下》）度，就强度而言，不是一个恒量，而是一个有规律的变量。

“度”在“无可无不可”之间。孔子说：“我则异于是，无可无不可。”（《论语·微子8》）他说自己与诸位古代贤人的不同之处，就在于“无可无不可”。他又说：“君子之于天下也，无适也，无莫也，义之于比。”（《论语·里仁10》）意思是君子行于天下，只要有“义”的指引，没有一条路一定要走，也没有什么路一定不能走。度，就路径而言，并非只有一条，而是行之成道。

“度”在“为与不为”之间。“子曰：‘不得中行而与之，必也狂狷乎？狂者进取，狷者有所不为也。’”（《论语·子路21》）以此推论，中道而行者，必有所为，也必有所不为。度，就实质而言，是“为”与“不为”之间的一条界线。

今天面临的挑战是，我们能否通过量化计算而找到“度”呢？

“度”的存在，意味着“两端”之间某一个最佳点位，对两端而言，都是一个可能的最优选择。这个点位，能否获得数理证明，并以公式推算出来？就像黄金分割比例一样，不但被证明确实存在，还能计算出其比值为1∶0.618，或者，像约翰·纳什那样，通过证明均衡点的存在，为博弈论奠定了数理基础。

数理上的论证，或许极为复杂，实践中，却不是难题。

以市场交易为例。任何交易必须在买者和卖者之间完成，只要不是“强迫交易”或“欺诈交易”，对交易双方而言，都是找到了一个对自己“合适”的价格。这一“合适”价格，就是双方之间的“度”，找不到这个“度”，交易便不可能完成。同样，市场中，供给与需求为两端，两者的平衡取决于价格的调节。除非人为操纵，价格的涨跌，都是“适度”的。

再以利润分配为例。孔子说“不患寡而患不均”（《论语·季氏1》）。“均”是“公平”之意，非“平均”之意，朱熹解释为“各得其分”（《论语集注》），是准确的。这“各得其分”，其实也是一个“度”的问题。利润分配，人人相同，似最为公平，但将贡献、技术、经验等变量因素加入后，问题就复杂了。现代股份制公司，以投资额确定股份，再将贡献、技术、经验折算成股份，不失为“各得其分”的一种算法。

可见，市场经济中贯穿着中庸之道，“百姓日用而不知”（《易传·系辞上》）。

未来，如果能找到“度”的量化计算公式，那么，“中庸”就真可以成为“常行之道”了。

《周易》是“中庸”的量化和算法

孔子五十读《易》，读到“韦编三绝”，然后感叹道：“可以无大过矣！”（《论语 · 述而 17》）为何如此自信呢？大概因为他在《易》中发现了“中庸”之法——怎样在“两端”之间做出最佳抉择。

《易》之占筮，是为了抉择——“以断天下之疑”，正如《易传 · 系辞》所言：“是以君子将有为也，将有行也，问焉而以言。”

八卦之卦由阴、阳二爻形成，阴、阳二爻组成八个单卦，八个单卦生成六十四个重卦，重卦由两个单卦构成，所以，卦象皆有“两端”。

卦象本身虽有吉凶，但并不完全决定吉凶，例如，“泰”是吉卦，却有凶兆；“否”非吉卦，却有吉象。“否极泰来”一语，道尽其中变化之奥秘。

吉凶的判定主要依据卦象之中的六爻。“爻者，言乎变者也”，而“君子观其变而玩其占”（《易传 · 系辞上》）。

如果将卦象的上卦和下卦，视为“两端”，六爻则是其中的六个选项。六个爻位反映的是事物变化过程的不同阶段，也是可供占卜者选择的各种策略。

可以说，《易》是“中庸”最早的量化和算法。

先说“量化”。八卦各有指代，分合演变，最终将天下万物量化为六十四卦象，又以六爻模拟各种变化和境况，列出可能的结果和相应的对策。

阳爻构成乾卦，阴爻构成坤卦，指代天、地，阴阳两爻再变而生成震、巽、艮、兑、坎、离等单卦，形成“八卦”，分别象征雷、风、山、泽、水、火。八个单卦再交错构成“重卦”，以六十四卦的形式，将天下万物量化为图像和数字，成为可运算的“数据”。

同时，阴、阳两爻在组成卦象之时，还构建“爻位”，一卦六爻，自下而上：以初、二、三、四、九标示。六十四卦，共生成有三百八十四爻象，对应着事物发展的各种“动态”，将天下万物的变动过程变成可推演的“点位”。

这里以六十四卦的第一卦乾卦为例。乾卦是“元亨利贞”的吉卦，卦象是“上乾下乾”——“两端”皆“阳”，以示“天行健”。中间六爻，以“九”为数，分“初九”“九二”“九三”“九四”“九五”“上九”，爻辞以龙为喻，“潜龙”“见龙在田”“君子终日乾乾”“或跃在渊”“飞龙在天”“亢龙”，体现出事物发展的完整过程：始、显、生、长、跃、顶，最后回归“群龙无首”的境界。

再说“算法”。占筮的关键是在求卦之后，根据卦象和爻位，做出判断和决策。这需要“算法”来推演，以决定选本卦还是变卦，取上爻还是下爻。

有意思的是，《易传·系辞》里，清楚地记载了一种据说是“文王卦法”的“大衍法”，颇为详尽，照录如下：

大衍之数五十，其用四十有九。分而为二以象两，挂一以象三，揲之以四以象四时，归奇于扐以象闰；五岁再闰，故再扐而后挂……《乾》之策二百一十有六，《坤》之策百四十有四，凡三百有六十，当期之日。二篇之策，万有一千五百二十，当万物之数也。是故四营而成《易》，十有八变而成卦，八卦而小成。引而伸之，触类而长之，天下之能事毕矣。(《易传 · 系辞上》)

这段话的大意是，以“大衍法”推演八卦，需用蓍草五十根（一说应为五十五根），实用四十九根，将其随意分为上、下两组，象征“天”“地”，再取一根置于中间，代表“人”。然后，将上组的蓍草，一揲一揲分开，每揲四根，象征四季。最后剩下的一揲或几根，归于奇数，置于中间，象征闰月。五年之中，会再有闰月，将下组的蓍草，以同样方法，也一揲一揲分开，最后剩下的一揲或几根，取出置中，完成一次演算，称之为“一营”。再将上、下两组分出揲数的蓍草合一，重新演算，如此循环四次，可推演出一爻……乾卦六个阳爻，每爻蓍草九揲，共五十四揲，每揲四根，共二百一十六根；坤卦六个阴爻，每爻蓍草六揲，共三十六揲，每揲四根，共一百四十四根。两者相加，共得蓍草三百六十根，正好为一年之天数。《周易》之六十四卦，共有三百八十四爻。其中，阳爻、阴爻各为一百九十二，一个阳爻九揲，每揲四根，共三十六根，一百九十二个阳爻，有蓍草六千九百一十二根；一个阴爻六揲，每揲四根，共二十四根，一百九十二个阴爻，有蓍草四千六百零八根。两者相加，总计蓍草一万一千五百二十根，正是天地万物之数。因此，四次推演才得一爻，经十八次变化，推演出六爻，才成一卦。八卦小成之后，再引而伸之，生成六十四卦，寻找其含义，天下之事的各种变化，尽在其中了！

这"算法"是否科学和准确另论，但就其复杂和严密，远超掷币、掐指、猜拳。

有了"量化"和"算法"，然后就是解卦了。占筮的结果，最终都要落实到具体卦辞和爻辞的解读上。卦辞如同卦象图解，爻辞好似应用说明——一个以形象示吉凶，一个用场景显变化。

再以六十四卦的最后一卦"未济"为例。

"未济"的卦象是"上离下坎"，"离"指火，"坎"指水，火在水上，以示"未济"之象。卦辞为"亨"，表明属吉卦，又云，"小狐汔济，濡其尾，无攸利"，以小狐渡河的场景来说明事情的演变。

"未济"的六个爻辞如下：

初六，濡其尾，吝。

九二，曳其轮，贞吉。

六三，未济，征凶。利涉大川。

九四，贞吉，悔亡，震用伐鬼方，三年，有赏于大国。

六五，贞吉，无悔。君子之光，有孚，吉。

上九，有孚于饮酒，无咎。濡其首，有孚失是。

上面六个爻辞的大意是：小狐不知水之深浅，勇敢渡河，结果“濡其尾”，陷于河中；即使努力“曳其轮”，也进退两难，还好尚无危险；若要继续强行渡河，不仅渡不过去，更是危险万分，所谓“未济，征凶”；到了一定时机，运气转好，霉时结束，即“贞吉，悔亡”；然后“无悔”，小狐还是有机会渡过河去的；但是，一切顺利之时，几乎可以饮酒庆祝了，若不知自制，小狐也会突遭灭顶之灾，所谓“濡其首，有孚失是”。

“未济”之卦，如同六十三卦“既济”一样，应用场合似乎都是问“用师”之事。其中，“震用伐鬼方，三年，有赏于大国”之辞，显然是以前占筮灵验的记录。

爻位反映出事物发展的不同阶段和各种可能性，爻辞列出了相应的对策。根据爻位和爻辞，可以推断事情走向，预测结果，权衡策略，以做出最优的抉择。因此，荀子说：“善为《易》者不占。”（《荀子·大略篇》）——占筮只是手段，洞悉变化之道才是根本。“子曰：‘知变化之道者，其知神之所为乎？’”（《易传·系辞上》）孔子一语道出了《易》的实质。

今天，“中庸”面临的挑战，是能否找到新的“量化”和“算法”，使其决策从远古的八卦占筮，走向计算机的数据分析和策略判断。当然，这一想法的实现，恐怕要“以俟君子”了——不是一般的“君子”，而是既要熟读《论语》，又要数学专业毕业，还要懂得计算机编程的“君子”。

“圣贤之道”为何“无用”？

儒家的道统之说，由唐代韩愈明确提出。他认为，儒家有自己的“道”，非佛老之道，在《原道》一文中说：“尧以是传之舜，舜以是传之禹，禹以是传之汤，汤以是传之文、武、周公，文、武、周公传之孔子，孔子传之孟轲。轲之死，不得其传焉。”（《韩昌黎集·原道》）

其实，道统之说，更早可追溯到孟子。孟子认为，由尧、舜至于汤，由汤至于文王，由文王至于孔子，各“五百有余岁”，其“道”代代相传（《孟子·尽心下》）。孔子之后，孟子虽未明言自己得其传，但隐然有承继之意——当然，今天看来，作为“亚圣”，他当之无愧。

孟子的说法，后来得到宋代朱熹认可和发扬。朱熹在《中庸章句》序中说：“《中庸》何为而作也？子思子忧道学之失其传而作也。盖自上古圣神继天立极，而道统之传有自来矣。”他在孔、孟之间加上了子思，以证明其“道统”之正宗。

在注释《孟子》时，朱熹说：孟子“故于篇终，历序群圣之统，而终之以此，所以明其传之有在，而又以俟后圣于无穷也，其指深哉！”。之后，朱熹又写了一段颇有意味的文字：“有宋元丰八年，河南程颢伯淳卒。潞公文彦博题其墓曰：‘明道先生。’而其弟颐正叔序之曰：‘周公殁，圣人之道不行；孟轲死，圣人之学不传……先生生乎千四百年之后，得不传之学于遗经，以兴起斯文为己任。辨异端，辟邪说，使圣人之道涣然复明于世。盖自孟子之后，一人而已。’”（《孟子集注》）他让程颢直接上承孟子，也在二程兄弟后面，自然地加上了自己，以示儒家“道统”的延续不绝。

孔子之后“道统”的有无，暂且不论，问题是：孔子之前是否真存在着“圣贤之道”的传承——上接尧、舜，中经禹、汤，再由文、武、周公传到孔子呢？

弟子子贡认为是有的。“卫公孙朝问于子贡曰：‘仲尼焉学？’子贡曰：‘文武之道，未坠于地，在人。贤者识其大者，不贤者识其小者，莫不有文武之道焉。夫子焉不学？而亦何常师之有？’”（《论语·子张22》）孔子是“识其大者”的贤者，承继的是周朝“文武之道”。

那么，这一千古传承的圣贤之道的核心是什么？根据《论语》及其他典籍的一些零散记叙，可以推断，应该是“中庸”，即“执两用中”。

《论语》记尧嘱舜之言：“允执其中。”（《论语·尧曰1》）《中庸》有孔子评舜之语：“执其两端，用其中于民。”（《礼记·中庸》）孟子说：“汤执中。”（《孟子·离娄下》）新发现的“清华简”有《尚书》佚文《保训》一篇，据考证为周文王对武王的遗训，也嘱以“中道”治国。

《中庸》有言“中也者，天下之大本也”，而为《中庸》做注释的朱熹，更认为《中庸》一篇“乃孔门传授心法”（《中庸章句》）。

不过，孔子在世时便已感叹：“中庸之为德也，其至矣乎！民鲜久矣。”（《论语·雍也29》）“民鲜久矣”之叹，可见其时天下失“中庸”已久。

中庸，说到底，是一种“执两用中”的治国之道。这一圣贤之道，孔子虽有承继，却终未能使之“行于天下”。一个有意思的现象是，“大道”传承中，孔子之前，全为圣者，孔子之后，皆是贤者。

《礼记·中庸》里说，中庸者，“唯圣者能之”，而所谓“圣者”，即“博施于民而能济众”者（《论语·雍也 30》）。

圣者不再，只剩贤者，“圣贤之道”，也就成了“剩贤知道”——剩下的贤人总算还知道。

在与友人陈亮“论道”的书信中，朱熹说：“千五百年间……尧、舜、三王、周公、孔子所传之道，未尝一日得行于天地之间也。”（《朱文公文集·卷 36》）这真是大实话。

为什么实行不了呢？因为战国后两千多年间施行的都是“秦政”，只取“一端”，必然“执一”，因此，不得“执两”，难以“用中”，“中庸之道”也就变成了“无用”之道。

结语

「新孔学」的可能性

1917年的“五四”新文化运动，以“打倒孔家店”为标志，到今天已一百多年了。这期间，“反孔”的高潮，是1972年的“批林批孔”。随着“文革”结束，对孔子的态度和认识逐渐归于客观和理性，对孔子思想和儒家学说的研究也日渐深入，以至于儒学能否复兴又成为话题。

我以为，作为“五四”新文化运动的最终结果——经过一百年来的无数批判、争论、反思——应该不是儒学的复兴，而是“新孔学”的出现。

所谓“新孔学”，说的不是一个学派，而是一种现象。新孔学将以什么形态出现，现在不好预测，不过，就其几种可能性，可以试着做些预判。

首先，新孔学会将孔子还原到秦汉之前。

坦率而言，“五四”反孔，并非没有理由，那个“孔家店”，是秦汉之后营造起来的，汉武帝开设，董仲舒装修，充满了皇家气派。秦汉之前，孔家无店，只是平民院落，乡野私学。新孔学应溯源于秦汉之前的孔子，而不是恢复秦汉之后的孔子。

其次，新孔学的核心观点一定是内生的。

《论语》中的“道理”还蕴含着许多未被论及的深义。从“仁”“忠恕”等核心概念的内涵，到其相互关联和深层逻辑，再到贯穿其中的方法论和超越其上的哲学观，孔子学说像一棵大树，根深叶茂，自我生长，能够不断结出果实。新孔学应当是孔家“道理”发展成为普适“定理”，而不是儒家体系“植入”现代观念。

第三，新孔学应能提供一种应对现实问题的智慧。

近代儒学的衰落，一个根本原因，是不能用来解决现实问题。儒学有教条，无智慧，无法帮助我们在困境中做出最优选择。儒学的日渐僵化，追根溯源，是背弃了本来坚持的“执两”思维而转向曾经坚决反对的“执一”模式。“执两”思维是孔子思想的元气之所在。懂得“执两”，不趋一端，思想就不会偏激和封闭；因为“执两”，才会“用中”，知道如何寻找问题的最佳解决方案。新孔学应能让未来的中国人变得聪明起来，而不是愚昧下去。

这里，涉及一个更根本的问题：新孔学之新，到底应“新”在哪里？

自《论语》问世以来，两千多年间，后人一直在研究孔子的“子曰”——说的是什么意思，有哪些道理？前者可以称为“章句学派”——从汉儒的注疏到清人的训诂，在一字一句的解读中，试图弄清孔子之言的准确含义；后者可以称为“义理学派”——从两汉今文经学的“微言大义”到宋明理学的“天理良知”，在各种经典的阐释里，各自寻找孔子言而未尽的高深意蕴 。

然而，少有人关注和探究的是，孔子为什么会这样说？为什么会有这样的观点和结论？他的思路——也就是今天所说的思维方式——是什么？

金克木先生晚年讨论《论语》时，曾涉及这层意思。他认为，“子曰”多是“断案、结论”，有时“没有理由和证据”，研究其背后的“思维程序”十分重要。(《论语“子曰”析》)

的确，一个学说的生命力，不仅在于说出了多少“道理”，更在于产生这些“道理”的思维方式。

也就是说，我们需要知道孔子有什么思想，更需要知道孔子如何思考。只有这样，孔子学说才能保持活力，不变成僵硬的教条，并能应对新的问题。

或许，新孔学应当“新”在这里。

“五四”新文化运动后的百年间，在经历了一场如此激烈、全面、彻底的批判之后，孔子仍能屹立不倒，至少证明了一点：其学说中有些东西具有永恒价值。看来，孔子学说还会传承下去，新孔学的出现自然也是可能的。

〖附录 1〗

《新论语》原文*

内编：孔子之语

核心篇第一

一、仁为核心

（一）仁是什么

（二）仁不是什么

（三）如何做到仁

（四）仁者之仁

二、仁之形态

（一）仁自孝始

（二）悌即亲情

（三）信是准则

三、外化为礼

（一）礼基于仁

（二）治国之本

（三）君臣之道

（四）礼之本质

（五）礼之承继

路径篇第二

一、求仁之途

（一）学习

（二）修身

（三）践行

二、君子之路

（一）君子标准

（二）君子和小人

---

* 文本根据《新论语》，孔子述，孔门弟子撰，钱宁重编，生活·读书·新知三联书店，2012 年 6 月第 1 版。

实践篇第三

一、从政治国

（一）以仁为政

（二）以德治国

（三）以信立国

（四）以教兴国

（五）以身作则

（六）直言谏君

（七）正名为先

（八）举直选贤

（九）欲速不达

（十）其他

二、处世为人

（一）富贵

（二）闻达

（三）为士

（四）入仕

（五）尊师

（六）交友

（七）识人

（八）做人

（九）好德

（十）慎言

（十一）闲居

例证篇第四

一、评价弟子

（一）颜渊

（二）子路

（三）子贡

（四）其他弟子

二、谈诗说乐

（一）谈诗

（二）论乐

三、辨析案例

四、议论时政

（一）季氏当权

（二）鲁国时政

（三）礼乐衰微

（四）诸侯各国

（五）隐士之讽

五、臧否人物

（一）同代之人

（二）历史人物

哲思篇第五

一、天命

二、鬼神

三、夫子自道

四、时光如逝水

外编：弟子之言

评价篇第六

一、生前

二、死后

三、学说

记忆篇第七

一、音容笑貌

二、行为举止

（一）朝廷之上

（二）乡野之间

三、衣食住行

（一）衣

（二）食

（三）住

（四）行

四、言传身教

五、平生际遇

阐释篇第八

一、主要思想

（一）孝悌

（二）礼

二、学习和修身

（一）学习

（二）修身

三、君子与志士

（一）君子

（二）志士

四、治国之策

五、交友之道

六、关于弟子

七、历史之鉴

内编：孔子之语

核心篇第一

一、仁为核心

（一）仁是什么

1.1 樊迟问仁。子曰："爱人。"（颜渊22）

1.2 子曰："参乎！吾道一以贯之。"曾子曰："唯。"子出，门人问曰："何谓也？"曾子曰："夫子之道，忠恕而已矣。"（里仁15）

1.3 子曰："爱之，能勿劳乎？忠焉，能勿诲乎？"（宪问7）

1.4 子贡问曰："有一言而可以终身行之者乎？"子曰："其恕乎！己所不欲，勿施于人。"（卫灵公24）

（二）仁不是什么

1.5 子曰："巧言令色，鲜矣仁！"（学而3）

1.6 子曰："巧言令色，鲜矣仁！"（阳货17）

1.7 "克、伐、怨、欲，不行焉，可以为仁矣？"子曰："可以为难矣，仁则吾不知也。"（宪问1）

（三）如何做到仁

1.8 子曰："仁远乎哉？我欲仁，斯仁至矣。"（述而30）

1.9 颜渊问仁。子曰："克己复礼为仁。一日克己复礼，天下归仁焉。为仁由己，而由人乎哉？”颜渊曰：“请问其目？”子曰：“非礼勿视，非礼勿听，非礼勿言，非礼勿动。”颜渊曰：“回虽不敏，请事斯语矣！”（颜渊 1）

1.10 仲弓问仁。子曰：“出门如见大宾，使民如承大祭。己所不欲，勿施于人。在邦无怨，在家无怨。”仲弓曰：“雍虽不敏，请事斯语矣！”（颜渊 2）

1.11 樊迟问仁。子曰：“居处恭，执事敬，与人忠，虽之夷狄，不可弃也。”（子路 19）

1.12 子贡问为仁。子曰：“工欲善其事，必先利其器。居是邦也，事其大夫之贤者，友其士之仁者。”（卫灵公 10）

1.13 子张问仁于孔子。孔子曰：“能行五者于天下，为仁矣。”请问之。曰：“恭、宽、信、敏、惠。恭则不侮，宽则得众，信则人任焉，敏则有功，惠则足以使人。”（阳货 6）

1.14 子曰：“刚、毅、木、讷，近仁。”（子路 27）

（四）仁者之仁

1.15 子曰：“唯仁者，能好人，能恶人。”（里仁 3）

1.16 子曰：“苟志于仁矣，无恶也。”（里仁 4）

1.17 子曰：“知者不惑，仁者不忧，勇者不惧。”（子罕 29）

1.18 子曰：“有德者，必有言；有言者，不必有德。仁者，必有勇；勇者，不必有仁。”（宪问 4）

1.19 子曰：“志士仁人，无求生以害仁，有杀身以成仁。”（卫灵公 9）

1.20 （樊迟）问仁。曰：“仁者，先难而后获，可谓仁

矣。”(雍也22)

1.21 司马牛问仁。子曰:“仁者,其言也讱。”曰:“斯言也讱,其谓之仁矣乎?”子曰:“为之难,言之得无讱乎?”(颜渊3)

1.22 子曰:“不仁者不可以久处约,不可以长处乐。仁者安仁,知者利仁。”(里仁2)

1.23 子贡曰:“如有博施于民而能济众,何如?可谓仁乎?”子曰:“何事于仁,必也圣乎!尧舜其犹病诸!夫仁者,己欲立而立人,己欲达而达人。能近取譬,可谓仁之方也已。”(雍也30)

二、仁之形态

(一)仁自孝始

(孝为基本)

1.24 宰我问:“三年之丧,期已久矣!君子三年不为礼,礼必坏;三年不为乐,乐必崩。旧谷既没,新谷既升,钻燧改火,期可已矣。”子曰:“食夫稻,衣夫锦,于女安乎?”曰:“安。”“女安则为之!夫君子之居丧,食旨不甘,闻乐不乐,居处不安,故不为也。今女安,则为之!”宰我出。子曰:“予之不仁也!子生三年,然后免于父母之怀。夫三年之丧,天下之通丧也。予也有三年之爱于其父母乎?”(阳货21)

1.25 孟懿子问孝。子曰:“无违。”樊迟御,子告之曰:“孟孙问孝于我,我对曰‘无违’。”樊迟曰:“何谓也?”子曰:“生,事之以礼;死,葬之以礼,祭之以礼。”(为政5)

（父母生前）

1.26　子游问孝。子曰："今之孝者，是谓能养。至于犬马，皆能有养，不敬，何以别乎？"（为政7）

1.27　子夏问孝。子曰："色难。有事，弟子服其劳；有酒食，先生馔，曾是以为孝乎？"（为政8）

1.28　子曰："事父母几谏。见志不从，又敬不违，劳而不怨。"（里仁18）

1.29　孟武伯问孝。子曰："父母唯其疾之忧。"（为政6）

1.30　子曰："父母之年，不可不知也。一则以喜，一则以惧。"（里仁21）

1.31　子曰："父母在，不远游，游必有方。"（里仁19）

（父母逝后）

1.32 子曰："父在，观其志；父没，观其行。三年无改于父之道，可谓孝矣。"（学而11）

1.33　子曰："三年无改于父之道，可谓孝矣。"（里仁20）

（二）悌即亲情

1.34　子曰："弟子入则孝，出则悌，谨而信，泛爱众，而亲仁。行有余力，则以学文。"（学而6）

（三）信是准则

1.35　子曰："人而无信，不知其可也！大车无輗，小车无軏，其何以行之哉？"（为政22）

三、外化为礼

（一）礼基于仁

1.36 子曰：“人而不仁，如礼何？人而不仁，如乐何？”（八佾3）

（二）治国之本

1.37 子曰：“能以礼让为国乎？何有？不能以礼让为国，如礼何？”（里仁13）

1.38 子曰：“恭而无礼则劳，慎而无礼则葸，勇而无礼则乱，直而无礼则绞。君子笃于亲，则民兴于仁。故旧不遗，则民不偷。”（泰伯2）

1.39 子曰：“上好礼，则民易使也。”（宪问41）

1.40 子贡欲去告朔之饩羊。子曰：“赐也！尔爱其羊，我爱其礼。”（八佾17）

（三）君臣之道

1.41 定公问：“君使臣，臣事君，如之何？”孔子对曰：“君使臣以礼，臣事君以忠。”（八佾19）

1.42 子曰：“事君尽礼，人以为谄也。”（八佾18）

（四）礼之本质

1.43 林放问礼之本。子曰：“大哉问！礼，与其奢也，宁俭；丧，与其易也，宁戚。”（八佾4）

1.44　子曰："奢则不孙，俭则固。与其不孙也，宁固。"（述而 36）

1.45　子曰："麻冕，礼也。今也纯，俭，吾从众。拜下，礼也。今拜乎上，泰也。虽违众，吾从下。"（子罕 3）

（五）礼之承继

1.46　子曰："周监于二代，郁郁乎文哉！吾从周。"（八佾 14）

1.47　子张问："十世可知也？"子曰："殷因于夏礼，所损益，可知也；周因于殷礼，所损益，可知也。其或继周者，虽百世，可知也。"（为政 23）

1.48　子曰："夏礼，吾能言之，杞不足征也；殷礼，吾能言之，宋不足征也。文献不足故也。足，则吾能征之矣。"（八佾 9）

1.49　子入太庙，每事问。或曰："孰谓鄹人之子知礼乎？入太庙，每事问。"子闻之，曰："是礼也。"（八佾 15）

1.50　入太庙，每事问。（乡党 21）

路径篇第二

一、求仁之途

（一）学习

（学习之目的）

2.1　子曰："朝闻道，夕死可矣。"（里仁 8）

2.2　子曰："吾十有五而志于学，三十而立，四十而不惑，五十而知天命，六十而耳顺，七十而从心所欲不逾矩。"（为政 4）

2.3　子曰："加我数年，五十以学《易》，可以无大过矣。"（述而 17）

（学习之乐趣）

2.4　子曰："学而时习之，不亦说乎？有朋自远方来，不亦乐乎？人不知而不愠，不亦君子乎？"（学而 1）

2.5　子曰："知之者不如好之者，好之者不如乐之者。"（雍也 20）

（学习之必要）

2.6　孔子曰："生而知之者，上也；学而知之者，次也；困而学之，又其次也；困而不学，民斯为下矣！"（季氏 9）

2.7　子曰："我非生而知之者，好古，敏以求之者也。"（述而 20）

2.8　子曰："十室之邑，必有忠信如丘者焉，不如丘之好学也。"（公冶长 28）

2.9　子曰："吾尝终日不食，终夜不寝，以思，无益，不如学也。"（卫灵公 31）

2.10　子曰："盖有不知而作之者，我无是也。多闻，择其善者而从之。多见而识之。知之次也。"（述而 28）

（学习之方法）

2.11　子曰："由！诲女知之乎？知之为知之，不知为不知，是知也。"（为政 17）

2.12　子曰："温故而知新，可以为师矣。"（为政 11）

2.13　子曰："学而不思则罔，思而不学则殆。"（为政 15）

2.14　子曰："不愤不启，不悱不发。举一隅不以三隅反，则不复也。"（述而 8）

2.15　子曰："吾有知乎哉？无知也。有鄙夫问于我，空空如也，我叩其两端而竭焉。"（子罕 8）

2.16　子曰："学如不及，犹恐失之。"（泰伯 17）

2.17　子曰："吾犹及史之阙文也。有马者，借人乘之，今亡矣夫！"（卫灵公 26）

（学习之时弊）

2.18　子曰："攻乎异端，斯害也已。"（为政 16）

2.19　子曰："古之学者为己；今之学者为人。"（宪问 24）

2.20　子曰："由也，女闻六言六蔽矣乎？" 对曰："未也。""居，吾语女：好仁不好学，其蔽也愚；好知不好学，其蔽也荡；好信不好学，其蔽也贼；好直不好学，其蔽也绞；好勇不好学，其蔽也乱；好刚不好学，其蔽也狂。"（阳货 8）

（二）修身

（修身以求仁）

2.21　子曰："我未见好仁者，恶不仁者。好仁者，无以尚

之；恶不仁者，其为仁矣，不使不仁者加乎其身。有能一日用其力于仁矣乎？我未见力不足者。盖有之矣，我未见也。”（里仁 6）

（见贤思齐）

2.22 子曰：“见贤思齐焉，见不贤而内自省也。”（里仁 17）

2.23 子曰：“三人行，必有我师焉。择其善者而从之，其不善者而改之。”（述而 22）

（改过）

2.24 子曰：“过而不改，是谓过矣！”（卫灵公 30）

2.25 子曰：“人之过也，各于其党。观过，斯知仁矣。”（里仁 7）

2.26 子曰：“德之不修，学之不讲，闻义不能徙，不善不能改，是吾忧也。”（述而 3）

2.27 子曰：“古者民有三疾，今也或是之亡也。古之狂也肆，今之狂也荡；古之矜也廉，今之矜也忿戾；古之愚也直，今之愚也诈而已矣。”（阳货 16）

2.28 子曰：“狂而不直，侗而不愿，悾悾而不信，吾不知之矣。”（泰伯 16）

2.29 子曰：“法语之言，能无从乎？改之为贵！巽与之言，能无说乎？绎之为贵！说而不绎，从而不改，吾末如之何也已矣！”（子罕 24）

2.30 子曰：“已矣乎，吾未见能见其过而内自讼者也。”（公冶长 27）

2.31 子曰:“以约失之者,鲜矣!”(里仁23)

(崇德辨惑)

2.32 樊迟从游于舞雩之下。曰:“敢问崇德、修慝、辨惑?”子曰:“善哉问!先事后得,非崇德与?攻其恶,无攻人之恶,非修慝与?一朝之忿,忘其身以及其亲,非惑与?”(颜渊21)

2.33 子张问崇德辨惑。子曰:“主忠信,徙义,崇德也。爱之欲其生,恶之欲其死。既欲其生又欲其死,是惑也!‘诚不以富,亦只以异。’”(颜渊10)

(坚持)

2.34 子曰:“善人,吾不得见之矣,得见有恒者,斯可矣。亡而为有,虚而为盈,约而为泰,难乎有恒矣!”(述而26)

2.35 子曰:“譬如为山,未成一篑,止,吾止也!譬如平地,虽覆一篑,进,吾往也!”(子罕19)

2.36 子曰:“三军可夺帅也,匹夫不可夺志也。”(子罕26)

2.37 子曰:“岁寒,然后知松柏之后雕也。”(子罕28)

(三)践行

2.38 子曰:“谁能出不由户?何莫由斯道也?”(雍也17)

2.39 子张问善人之道。子曰:“不践迹,亦不入于室!”(先进20)

2.40 子曰：“志于道，据于德，依于仁，游于艺。”（述而6）

2.41 子曰：“知者乐水，仁者乐山。知者动，仁者静。知者乐，仁者寿。”（雍也23）

2.42 颜渊、季路侍。子曰：“盍各言尔志？”子路曰：“愿车马，衣轻裘，与朋友共，敝之而无憾。”颜渊曰：“愿无伐善，无施劳。”子路曰：“愿闻子之志。”子曰：“老者安之，朋友信之，少者怀之。”（公冶长26）

2.43 子路、曾皙、冉有、公西华侍坐。子曰：“以吾一日长乎尔，毋吾以也。居则曰：‘不吾知也！’如或知尔，则何以哉？”

子路率尔而对，曰：“千乘之国，摄乎大国之间，加之以师旅，因之以饥馑，由也为之，比及三年，可使有勇，且知方也。”夫子哂之。

“求，尔何如？”对曰：“方六七十，如五六十，求也为之，比及三年，可使足民。如其礼乐，以俟君子。”

“赤，尔何如？”对曰：“非曰能之，愿学焉！宗庙之事，如会同，端章甫，愿为小相焉。”

“点，尔何如？”鼓瑟希，铿尔，舍瑟而作。对曰：“异乎三子者之撰。”

子曰：“何伤乎？亦各言其志也。”

曰：“莫春者，春服既成，冠者五六人，童子六七人，浴乎沂，风乎舞雩，咏而归。”夫子喟然叹曰：“吾与点也！”

三子者出，曾皙后。曾皙曰：“夫三子者之言何如？”

子曰：“亦各言其志也已矣！”

曰："夫子何哂由也？"

曰："为国以礼，其言不让，是故哂之。"

"唯求则非邦也与？"

"安见方六七十，如五六十，而非邦也者。"

"唯赤非邦也与？"

"宗庙会同，非诸侯而何？赤也为之小，孰能为之大？"（先进 26）

二、君子之路

（一）君子标准

（心中有仁）

2.44　子曰："君子而不仁者有矣夫？未有小人而仁者也！"（宪问 6）

2.45　子曰："君子道者三，我无能焉：仁者不忧，知者不惑，勇者不惧。"子贡曰："夫子自道也！"（宪问 28）

2.46　司马牛问君子。子曰："君子不忧不惧。"曰："不忧不惧，斯谓之君子已乎？"子曰："内省不疚，夫何忧何惧？"（颜渊 4）

2.47　子曰："君子谋道不谋食。耕也，馁在其中矣；学也，禄在其中矣。君子忧道不忧贫。"（卫灵公 32）

2.48　子路问君子。子曰："修己以敬。"曰："如斯而已乎？"曰："修己以安人。"曰："如斯而已乎？"

曰："修己以安百姓。修己以安百姓，尧舜其犹病诸。"（宪

问42)

2.49 孔子曰:“圣人,吾不得而见之矣,得见君子者,斯可矣。”(述而26)

(博学知礼)

2.50 子曰:“君子博学于文,约之以礼,亦可以弗畔矣夫!”(雍也27)

2.51 子曰:“博学于文,约之以礼,亦可以弗畔矣夫。”(颜渊15)

2.52 子曰:“君子食无求饱,居无求安,敏于事而慎于言,就有道而正焉,可谓好学也已。”(学而14)

2.53 子曰:“质胜文则野,文胜质则史。文质彬彬,然后君子。”(雍也18)

2.54 子曰:“君子义以为质,礼以行之,孙以出之,信以成之,君子哉!”(卫灵公18)

2.55 孔子曰:“不知命,无以为君子也;不知礼,无以立也;不知言,无以知人也。”(尧曰3)

(讷言敏行)

2.56 子曰:“君子欲讷于言而敏于行。”(里仁24)

2.57 子贡问君子。子曰:“先行其言而后从之。”(为政13)

2.58 子曰:“君子耻其言而过其行。”(宪问27)

2.59 子曰:“论笃是与,君子者乎?色庄者乎?”(先进21)

2.60 子曰:“君子不以言举人,不以人废言。”(卫灵公23)

（不争不党不器）

2.61　子曰："君子无所争。必也射乎！揖让而升，下而饮。其争也君子。"（八佾 7）

2.62　子曰："君子矜而不争，群而不党。"（卫灵公 22）

2.63　子曰："君子不器。"（为政 12）

（三畏三戒三愆）

2.64　孔子曰："君子有三畏：畏天命，畏大人，畏圣人之言。小人不知天命而不畏也，狎大人，侮圣人之言。"（季氏 8）

2.65　孔子曰："君子有三戒：少之时，血气未定，戒之在色；及其壮也，血气方刚，戒之在斗；及其老也，血气既衰，戒之在得。"（季氏 7）

2.66　孔子曰："侍于君子有三愆：言未及之而言，谓之'躁'；言及之而不言，谓之'隐'；未见颜色而言，谓之'瞽'。"（季氏 6）

（其他）

2.67　子曰："君子不重，则不威，学则不固。主忠信，无友不如己者。过，则勿惮改。"（学而 8）

2.68　孔子曰："君子有九思：视思明，听思聪，色思温，貌思恭，言思忠，事思敬，疑思问，忿思难，见得思义。"（季氏 10）

2.69　子曰："君子之于天下也，无适也，无莫也，义之与比。"（里仁 10）

2.70 子曰："君子贞而不谅。"(卫灵公 37)

2.71 子曰："君子病无能焉，不病人之不己知也。"(卫灵公 19)

2.72 子曰："君子疾没世而名不称焉。"(卫灵公 20)

2.73 子贡曰："君子亦有恶乎？"子曰："有恶。恶称人之恶者，恶居下流而讪上者，恶勇而无礼者，恶果敢而窒者。"曰："赐也亦有恶乎？""恶徼以为知者，恶不孙以为勇者，恶讦以为直者。"(阳货 24)

(二)君子和小人

(为人)

2.74 子谓子夏曰："女为君子儒，无为小人儒！"(雍也 13)

2.75 子曰："君子坦荡荡，小人长戚戚。"(述而 37)

2.76 子曰："君子泰而不骄，小人骄而不泰。"(子路 26)

(待人)

2.77 子曰："君子求诸己，小人求诸人。"(卫灵公 21)

2.78 子曰："君子成人之美，不成人之恶。小人反是。"(颜渊 16)

2.79 子曰："君子和而不同；小人同而不和。"(子路 23)

2.80 子曰："君子周而不比，小人比而不周。"(为政 14)

2.81 子曰："君子易事而难说也，说之不以道，不说也。及其使人也，器之。小人难事而易说也，说之虽不以道，说也。及其使人也，求备焉。"(子路 25)

（做事）

2.82　子曰：“君子喻于义，小人喻于利。”（里仁 16）

2.83　子曰：“君子上达，小人下达。”（宪问 23）

2.84　子曰：“君子不可小知，而可大受也；小人不可大受，而可小知也。”（卫灵公 34）

2.85　子曰：“君子怀德，小人怀土；君子怀刑，小人怀惠。”（里仁 11）

2.86　子路曰：“君子尚勇乎？”子曰：“君子义以为上。君子有勇而无义为乱，小人有勇而无义为盗。”（阳货 23）

（坚守）

2.87　在陈绝粮。从者病，莫能兴。子路愠见曰：“君子亦有穷乎？”子曰：“君子固穷；小人穷斯滥矣。”（卫灵公 2）

实践篇第三

一、从政治国

（一）以仁为政

3.1　子曰：“民之于仁也，甚于水火。水火，吾见蹈而死者矣，未见蹈仁而死者也。”（卫灵公 35）

3.2　子曰：“如有王者，必世而后仁。”（子路 12）

3.3　子曰：“知及之，仁不能守之，虽得之，必失之。知及之，仁能守之，不庄以莅之，则民不敬。知及之，仁能守之，

庄以莅之，动之不以礼，未善也。”（卫灵公33）

3.4 子曰：“好勇疾贫，乱也。人而不仁，疾之已甚，乱也。”（泰伯10）

（二）以德治国

3.5 子曰：“为政以德，譬如北辰，居其所而众星共之。”（为政1）

3.6 子曰：“道之以政，齐之以刑，民免而无耻；道之以德，齐之以礼，有耻且格。”（为政3）

3.7 齐景公问政于孔子。孔子对曰：“君君，臣臣，父父，子子。”公曰：“善哉！信如君不君，臣不臣，父不父，子不子，虽有粟，吾得而食诸？”（颜渊11）

3.8 叶公问政。子曰：“近者说，远者来。”（子路16）

3.9 季康子问政于孔子曰：“如杀无道，以就有道，何如？”孔子对曰：“子为政，焉用杀？子欲善，而民善矣！君子之德风，小人之德草，草上之风必偃。”（颜渊19）

3.10 子曰：“‘善人为邦百年，亦可以胜残去杀矣。’诚哉是言也！”（子路11）

3.11 颜渊问为邦。子曰：“行夏之时，乘殷之辂。服周之冕，乐则韶舞。放郑声，远佞人。郑声淫，佞人殆。”（卫灵公11）

3.12 子张问于孔子曰：“何如斯可以从政矣？”子曰：“尊五美，屏四恶，可以从政矣。”子张曰：“何谓五美？”子曰：“君子惠而不费，劳而不怨，欲而不贪，泰而不骄，威而不猛。”子张曰：“何谓惠而不费？”子曰：“因民之所利而利之，斯不亦惠而不费乎？择可劳而劳之，又谁怨？欲仁而得仁，又焉贪？君子无众寡，无小大，无敢慢，斯不亦泰而不骄乎？君子正其衣冠，尊其瞻视，俨然人望而畏之，斯不亦威而不猛乎？”

子张曰：“何谓四恶？”子曰：“不教而杀谓之虐；不戒视成谓之暴；慢令致期谓之贼；犹之与人也，出纳之吝，谓之有司。”（尧曰2）

（三）以信立国

3.13　子贡问政。子曰：“足食，足兵，民信之矣。”子贡曰：“必不得已而去，于斯三者何先？”曰：“去兵。”子贡曰：“必不得已而去，于斯二者何先？”曰：“去食。自古皆有死，民无信不立。”（颜渊7）

3.14　子曰：“道千乘之国，敬事而信，节用而爱人，使民以时。”（学而5）

（四）以教兴国

3.15　子适卫，冉有仆。子曰：“庶矣哉！”冉有曰：“既庶矣，又何加焉？”曰：“富之。”曰：“既富矣，又何加焉？”曰：“教之。”（子路9）

3.16　子曰：“善人教民七年，亦可以即戎矣。”（子路29）

3.17　子曰：“以不教民战，是谓弃之。”（子路30）

3.18　子曰：“民可使由之，不可使知之。”（泰伯9）

3.19　子曰：“中庸之为德也，其至矣乎！民鲜久矣。”（雍也29）

（五）以身作则

3.20 季康子问政于孔子，孔子对曰：“政者，正也。子帅以正，孰敢不正？”（颜渊 17）

3.21 子曰：“苟正其身矣，于从政乎何有？不能正其身，如正人何？”（子路 13）

3.22 子曰：“其身正，不令而行；其身不正，虽令不从。”（子路 6）

3.23 季康子患盗，问于孔子。孔子对曰：“苟子之不欲，虽赏之不窃。”（颜渊 18）

3.24 季康子问：“使民敬忠以劝，如之何？”子曰：“临之以庄，则敬；孝慈，则忠；举善而教不能，则劝。”（为政 20）

3.25 子路问政。子曰：“先之，劳之。”请益。曰：“无倦。”（子路 1）

3.26 子曰：“居上不宽，为礼不敬，临丧不哀，吾何以观之哉？”（八佾 26）

（六）直言谏君

3.27 定公问：“一言而可以兴邦，有诸？”孔子对曰：“言不可以若是其几也！人之言曰：‘为君难，为臣不易。’如知为君之难也，不几乎一言而兴邦乎？”曰：“一言而丧邦，有诸？”孔子对曰：“言不可以若是其几也！人之言曰：‘予无乐乎为君，唯其言而莫予违也。’如其善而莫之违也，不亦善乎？如不善而莫之违也，不几乎一言而丧邦乎？”（子路 15）

3.28　子路问事君。子曰："勿欺也，而犯之。"（宪问22）

（七）正名为先

3.29　子路曰："卫君待子而为政，子将奚先？"子曰："必也正名乎！"子路曰："有是哉？子之迂也！奚其正？"子曰："野哉，由也！君子于其所不知，盖阙如也。名不正，则言不顺；言不顺，则事不成；事不成，则礼乐不兴；礼乐不兴，则刑罚不中；刑罚不中，则民无所措手足。故君子名之必可言也，言之必可行也。君子于其言，无所苟而已矣。"（子路3）

3.30　孔子曰："天下有道，则礼乐征伐自天子出；天下无道，则礼乐征伐自诸侯出。自诸侯出，盖十世希不失矣；自大夫出，五世希不失矣；陪臣执国命，三世希不失矣。天下有道，则政不在大夫；天下有道，则庶人不议。"（季氏2）

（八）举直选贤

3.31　哀公问曰："何为则民服？"孔子对曰："举直错诸枉，则民服；举枉错诸直，则民不服。"（为政19）

3.32　问知，子曰："知人。"樊迟未达。子曰："举直错诸枉，能使枉者直。"樊迟退，见子夏曰："乡也，吾见于夫子而问知，子曰：'举直错诸枉，能使枉者直。'何谓也？"子夏曰："富哉言乎！舜有天下，选于众，举皋陶，不仁者远矣；汤有天下，选于众，举伊尹，不仁者远矣。"（颜渊22）

3.33　仲弓为季氏宰，问政。子曰："先有司，赦小过，举贤才。"曰："焉知贤才而举之？"曰："举尔所知。尔所不知，人其

舍诸？”（子路2）

（九）欲速不达

3.34 子夏为莒父宰，问政。子曰：“无欲速，无见小利。欲速则不达，见小利则大事不成。”（子路17）

3.35 子谓颜渊曰：“用之则行，舍之则藏，唯我与尔有是夫！”子路曰：“子行三军，则谁与？”子曰：“暴虎冯河，死而无悔者，吾不与也。必也临事而惧，好谋而成者也。”（述而11）

（十）其他

3.36 子曰：“不在其位，不谋其政。”（泰伯14）

3.37 或谓孔子曰：“子奚不为政？”子曰：“《书》云：‘孝乎惟孝，友于兄弟，施于有政。’是亦为政，奚其为为政？”（为政21）

3.38 子张问政。子曰：“居之无倦，行之以忠。”（颜渊14）

3.39 子曰：“射不主皮，为力不同科，古之道也。”（八佾16）

3.40 子曰：“听讼，吾犹人也。必也，使无讼乎！”（颜渊13）

二、处世为人

（一）富贵

3.41 子曰：“富与贵，是人之所欲也，不以其道得之，不处也。贫与贱，是人之所恶也，不以其道得之，不去也。君子去仁，恶乎成名？君子无终食之间违仁，造次必于是，颠沛必于是。”（里仁5）

3.42 子曰：“富而可求也，虽执鞭之士，吾亦为之。如不可求，从吾所好。”（述而12）

3.43 子曰：“饭疏食，饮水，曲肱而枕之，乐亦在其中矣。不义而富且贵，于我如浮云。”（述而16）

3.44 子贡曰：“贫而无谄，富而无骄，何如？”子曰：“可也，未若贫而乐，富而好礼者也。”子贡曰：“《诗》云：‘如切如磋，如琢如磨’，其斯之谓与？”子曰：“赐也，始可与言《诗》已矣，告诸往而知来者。”（学而15）

3.45 子曰：“贫而无怨，难；富而无骄，易。”（宪问10）

3.46 子曰：“笃信好学，守死善道。危邦不入，乱邦不居。天下有道则见，无道则隐。邦有道，贫且贱焉，耻也；邦无道，富且贵焉，耻也。”（泰伯13）

（二）闻达

3.47 子张问：“士何如斯可谓之达矣？”子曰：“何哉？尔所谓达者？”子张对曰：“在邦必闻，在家必闻。”子曰：“是闻也，非达也。夫达也者，质直而好义，察言而观色，虑以下人。在邦必达，在家必达。夫闻也者，色取仁而行违，居之不疑。在邦必闻，在家必闻。”（颜渊20）

3.48 子曰：“不患人之不己知，患不知人也。”（学而16）

3.49 子曰：“不患人之不己知，患其不能也。”（宪问30）

3.50 子曰：“不患无位，患所以立。不患莫己知，求为可知也。”（里仁 14）

3.51 子曰：“贤者辟世，其次辟地，其次辟色，其次辟言。”子曰：“作者七人矣！”（宪问 37）

3.52 孔子曰：“见善如不及，见不善如探汤。吾见其人矣，吾闻其语矣。隐居以求其志，行义以达其道。吾闻其语矣，未见其人也。”（季氏 11）

（三）为士

3.53 子贡问曰：“何如斯可谓之士矣？”子曰：“行己有耻，使于四方，不辱君命，可谓士矣。”曰：“敢问其次？”曰：“宗族称孝焉，乡党称弟焉。”曰：“敢问其次？”曰：“言必信，行必果。硁硁然，小人哉！抑亦可以为次矣。”曰：“今之从政者何如？”子曰：“噫！斗筲之人，何足算也！”（子路 20）

3.54 子路问曰：“何如斯可谓之士矣？”子曰：“切切偲偲，怡怡如也，可谓士矣。朋友切切偲偲，兄弟怡怡。”（子路 28）

3.55 子曰：“士而怀居，不足以为士矣！”（宪问 2）

3.56 子曰：“士志于道，而耻恶衣恶食者，未足与议也。”（里仁 9）

（四）入仕

3.57 子贡曰：“有美玉于斯，韫椟而藏诸？求善贾而沽诸？”子曰：“沽之哉！沽之哉！我待贾者也！”（子罕 13）

3.58 樊迟请学稼，子曰：“吾不如老农。”请学为圃，曰：

“吾不如老圃。”樊迟出，子曰：“小人哉，樊须也！上好礼，则民莫敢不敬；上好义，则民莫敢不服；上好信，则民莫敢不用情。夫如是，则四方之民，襁负其子而至矣，焉用稼！”（子路4）

3.59　子张学干禄。子曰：“多闻阙疑，慎言其余，则寡尤；多见阙殆，慎行其余，则寡悔。言寡尤，行寡悔，禄在其中矣。”（为政18）

3.60　子曰：“事君，敬其事而后其食。”（卫灵公38）

3.61　子曰：“三年学，不至于穀，不易得也。”（泰伯12）

3.62　子曰：“邦有道，危言，危行；邦无道，危行，言孙。”（宪问3）

3.63　宪问耻。子曰：“邦有道，穀；邦无道，穀，耻也。”（宪问1）

（五）尊师

3.64　子曰：“当仁，不让于师。”（卫灵公36）

3.65　师冕见。及阶，子曰：“阶也。”及席，子曰：“席也。”皆坐，子告之曰：“某在斯。某在斯。”师冕出，子张问曰：“与师言之道与？”子曰：“然，固相师之道也。”（卫灵公42）

3.66　子曰：“自行束脩以上，吾未尝无诲焉。”（述而7）

3.67　子曰：“有教无类。”（卫灵公39）

（六）交友

3.68　子曰：“道不同，不相为谋。”（卫灵公40）

3.69 子曰："里仁为美。择不处仁，焉得知？"（里仁 1）

3.70 孔子曰："益者三友，损者三友。友直，友谅，友多闻，益矣；友便辟，友善柔，友便佞，损矣。"（季氏 4）

3.71 子曰："不得中行而与之，必也狂狷乎？狂者进取，狷者有所不为也。"（子路 21）

3.72 子曰："主忠信。毋友不如己者。过则勿惮改。"（子罕 25）

3.73 子曰："可与共学，未可与适道；可与适道，未可与立；可与立，未可与权。"（子罕 30）

3.74 子曰："中人以上，可以语上也；中人以下，不可以语上也。"（雍也 21）

3.75 子曰："可与言而不与之言，失人；不可与言而与之言，失言。知者不失人，亦不失言。"（卫灵公 8）

3.76 子贡问友。子曰："忠告而善道之，不可则止，毋自辱焉。"（颜渊 23）

3.77 朋友死，无所归，曰："于我殡。"（乡党 22）

（七）识人

3.78 子曰："众恶之，必察焉；众好之，必察焉。"（卫灵公 28）

3.79 子贡问曰："乡人皆好之，何如？"子曰："未可也。""乡人皆恶之，何如？"子曰："未可也。不如乡人之善者好之，其不善者恶之。"（子路 24）

3.80 子曰："视其所以，观其所由，察其所安。人焉廋

哉？人焉廋哉？”（为政10）

3.81 子曰：“苗而不秀者，有矣夫！秀而不实者，有矣夫！”（子罕22）

3.82 子曰：“如有周公之才之美，使骄且吝，其余不足观也已。”（泰伯11）

3.83 子曰：“唯上知与下愚不移。”（阳货3）

3.84 子曰：“后生可畏，焉知来者之不如今也？四十、五十而无闻焉，斯亦不足畏也已。”（子罕23）

3.85 子曰：“年四十而见恶焉，其终也已！”（阳货26）

3.86 子曰：“唯女子与小人为难养也！近之则不孙，远之则怨。”（阳货25）

3.87 子曰：“色厉而内荏，譬诸小人，其犹穿窬之盗也与？”（阳货12）

3.88 子曰：“鄙夫可与事君也与哉？其未得之也，患得之；既得之，患失之。苟患失之，无所不至矣。”（阳货15）

（八）做人

3.89 子曰：“性相近也，习相远也。”（阳货2）

3.90 子曰：“人之生也直，罔之生也幸而免。”（雍也19）

3.91 子路问成人。子曰：“若臧武仲之知，公绰之不欲，卞庄子之勇，冉求之艺，文之以礼乐，亦可以为成人矣。”曰：“今之成人者，何必然？见利思义，见危授命，久要不忘平生之言，亦可以为成人矣。”（宪问12）

3.92 子张问行。子曰：“言忠信，行笃敬，虽蛮貊之邦，行矣。言不忠信，行不笃敬，虽州里，行乎哉？立，则见其参于前也；在舆，则见其倚于衡也；夫然后行。”子张书诸绅。（卫灵公6）

3.93 子曰：“人能弘道，非道弘人。”（卫灵公29）

3.94 子曰：“躬自厚而薄责于人，则远怨矣。”（卫灵公15）

3.95 子曰：“放于利而行，多怨。”（里仁12）

3.96 子曰：“不逆诈，不亿不信，抑亦先觉者，是贤乎？”（宪问31）

3.97 子曰：“人无远虑，必有近忧。”（卫灵公12）

（九）好德

3.98 子曰：“吾未见好德如好色者也。”（子罕18）

3.99 子曰：“已矣乎！吾未见好德如好色者也！”（卫灵公13）

3.100 子曰：“由，知德者鲜矣！”（卫灵公4）

3.101 子曰：“德不孤，必有邻。”（里仁25）

3.102 子曰：“骥不称其力，称其德也。”（宪问33）

3.103 子曰：“乡原，德之贼也！”（阳货13）

3.104 或曰：“以德报怨，何如？”子曰：“何以报德？以直报怨，以德报德。”（宪问34）

3.105 子曰：“南人有言曰：‘人而无恒，不可以作巫医。’善夫！‘不恒其德，或承之羞。’”子曰：“不占而已矣。”（子路22）

（十）慎言

3.106　子曰：“古者言之不出，耻躬之不逮也。”（里仁 22）

3.107　子曰：“其言之不怍，则为之也难！”（宪问 20）

3.108　子曰：“辞达而已矣。”（卫灵公 41）

3.109　子曰：“巧言乱德。小不忍则乱大谋。”（卫灵公 27）

3.110　子曰：“恶紫之夺朱也，恶郑声之乱雅乐也，恶利口之覆邦家者。”（阳货 18）

3.111　子曰：“道听而涂说，德之弃也！”（阳货 14）

3.112　子张问明。子曰：“浸润之谮，肤受之愬，不行焉，可谓明也已矣。浸润之谮，肤受之愬，不行焉，可谓远也已矣。”（颜渊 6）

（十一）闲居

3.113　子曰：“群居终日，言不及义，好行小慧，难矣哉！”（卫灵公 17）

3.114　子曰：“饱食终日，无所用心，难矣哉！不有博弈者乎？为之犹贤乎已！”（阳货 22）

3.115　子曰：“不曰‘如之何，如之何’者，吾末如之何也已矣。”（卫灵公 16）

3.116　孔子曰：“益者三乐，损者三乐。乐节礼乐，乐道人之善，乐多贤友，益矣；乐骄乐，乐佚游，乐宴乐，损矣。”（季氏 5）

例证篇第四

一、评价弟子

（一）颜渊

4.1 子曰："贤哉，回也！一箪食，一瓢饮，在陋巷，人不堪其忧，回也不改其乐。贤哉，回也！"（雍也 11）

4.2 子曰："回也，其心三月不违仁，其余则日月至焉而已矣。"（雍也 7）

4.3 子曰："吾与回言终日，不违如愚。退而省其私，亦足以发，回也不愚！"（为政 9）

4.4 子曰："回也，非助我者也？于吾言，无所不说。"（先进 4）

4.5 子曰："语之而不惰者，其回也与？"（子罕 20）

4.6 子谓颜渊曰："惜乎！吾见其进也，未见其止也！"（子罕 21）

4.7 季康子问："弟子孰为好学？"孔子对曰："有颜回者好学，不幸短命死矣！今也则亡。"（先进 7）

4.8 哀公问："弟子孰为好学？"孔子对曰："有颜回者好学，不迁怒，不贰过。不幸短命死矣。今也则亡，未闻好学者也。"（雍也 3）

4.9 子畏于匡，颜渊后。子曰："吾以女为死矣！"曰："子在，回何敢死？"（先进 23）

4.10 颜渊死，子曰："噫！天丧予！天丧予！"（先进 9）

4.11　颜渊死，子哭之恸。从者曰：“子恸矣！”曰：“有恸乎？非夫人之为恸而谁为？”（先进10）

4.12　颜渊死，颜路请子之车以为之椁。子曰：“才不才，亦各言其子也。鲤也死，有棺而无椁。吾不徒行，以为之椁，以吾从大夫之后，不可徒行也。”（先进8）

4.13　颜渊死，门人欲厚葬之，子曰：“不可。”门人厚葬之。子曰：“回也，视予犹父也，予不得视犹子也。非我也，夫二三子也。”（先进11）

（二）子路

4.14　子曰：“道不行，乘桴浮于海。从我者，其由与？”子路闻之喜。子曰：“由也，好勇过我，无所取材。”（公冶长7）

4.15　子曰：“衣敝缊袍，与衣狐貉者立，而不耻者，其由也与！‘不忮不求，何用不臧？’”子路终身诵之。子曰：“是道也，何足以臧？”（子罕27）

4.16　孟武伯问：“子路仁乎？”子曰：“不知也。”又问。子曰：“由也，千乘之国，可使治其赋也，不知其仁也。”“求也何如？”子曰：“求也，千室之邑，百乘之家，可使为之宰也，不知其仁也。”“赤也何如？”子曰：“赤也，束带立于朝，可使与宾客言也，不知其仁也。”（公冶长8）

4.17　季康子问：“仲由可使从政也与？”子曰：“由也果，于从政乎何有？”曰：“赐也可使从政也与？”曰：“赐也达，于从政乎何有？”曰：“求也可使从政也与？”曰：“求也艺，于从政乎何有？”（雍也8）

4.18 季子然问："仲由、冉求，可谓大臣与？"子曰："吾以子为异之问，曾由与求之问。所谓大臣者，以道事君，不可则止。今由与求也，可谓具臣矣。"曰："然则从之者与？"子曰："弑父与君，亦不从也。"（先进 24）

4.19 子曰："由之瑟，奚为于丘之门？"门人不敬子路。子曰："由也升堂矣，未入于室也。"（先进 15）

4.20 子曰："片言可以折狱者，其由也与！"子路无宿诺。（颜渊 12）

4.21 子路问："闻斯行诸？"子曰："有父兄在，如之何其闻斯行之？"冉有问："闻斯行诸？"子曰："闻斯行之！"公西华曰："由也问'闻斯行诸？'子曰'有父兄在'；求也问'闻斯行诸？'子曰'闻斯行之'。赤也惑，敢问？"子曰："求也退，故进之；由也兼人，故退之。"（先进 22）

4.22 子疾病，子路使门人为臣。病间，曰："久矣哉，由之行诈也！无臣而为有臣，吾谁欺？欺天乎？且予与其死于臣之手也，无宁死于二三子之手乎！且予纵不得大葬，予死于道路乎？"（子罕 12）

4.23 子路使子羔为费宰。子曰："贼夫人之子！"子路曰："有民人焉，有社稷焉，何必读书，然后为学？"子曰："是故恶夫佞者。"（先进 25）

4.24 闵子侍侧，訚訚如也；子路，行行如也；冉有、子贡，侃侃如也。子乐。"若由也，不得其死然。"（先进 13）

（三）子贡

4.25　子贡问曰："赐也何如？"子曰："女，器也。"曰："何器也？"曰："瑚琏也。"（公冶长 4）

4.26　子曰："回也其庶乎，屡空。赐不受命，而货殖焉，亿则屡中。"（先进 19）

4.27　子谓子贡曰："女与回也孰愈？"对曰："赐也何敢望回？回也闻一以知十，赐也闻一以知二。"子曰："弗如也，吾与女弗如也。"（公冶长 9）

4.28　子贡方人。子曰："赐也，贤乎哉？夫我则不暇！"（宪问 29）

4.29　子贡曰："我不欲人之加诸我也，吾亦欲无加诸人。"子曰："赐也，非尔所及也。"（公冶长 12）

（四）其他弟子

4.30　子曰："孝哉闵子骞！人不间于其父母昆弟之言。"（先进 5）

4.31　鲁人为长府。闵子骞曰："仍旧贯，如之何？何必改作！"子曰："夫人不言，言必有中。"（先进 14）

4.32　子谓公冶长："可妻也。虽在缧绁之中，非其罪也。"以其子妻之。（公冶长 1）

4.33　子谓南容："邦有道，不废；邦无道，免于刑戮。"以其兄之子妻之。（公冶长 2）

4.34　子使漆雕开仕。对曰："吾斯之未能信。"子说。（公

冶长6）

4.35　子曰：“雍也，可使南面。”（雍也1）

4.36　或曰：“雍也，仁而不佞。”子曰：“焉用佞？御人以口给，屡憎于人。不知其仁，焉用佞？”（公冶长5）

4.37　子谓仲弓，曰：“犁牛之子骍且角，虽欲勿用，山川其舍诸？”（雍也6）

4.38　子谓子贱：“君子哉若人！鲁无君子者，斯焉取斯？”（公冶长3）

4.39　子曰：“吾未见刚者。”或对曰：“申枨。”子曰：“枨也欲，焉得刚？”（公冶长11）

4.40　原思为之宰，与之粟九百，辞。子曰：“毋！以与尔邻里乡党乎！”（雍也5）

4.41　子华使于齐，冉子为其母请粟。子曰：“与之釜。”请益，曰：“与之庾。”冉子与之粟五秉。子曰：“赤之适齐也，乘肥马，衣轻裘。吾闻之也：君子周急不继富。”（雍也4）

4.42　季氏富于周公，而求也为之聚敛而附益之。子曰：“非吾徒也，小子鸣鼓而攻之可也！”（先进17）

4.43　冉求曰：“非不说子之道，力不足也。”子曰：“力不足者，中道而废。今女画。”（雍也12）

4.44　宰予昼寝。子曰：“朽木不可雕也，粪土之墙不可杇也！于予与何诛？”子曰：“始吾于人也，听其言而信其行；今吾于人也，听其言而观其行。于予与改是。”（公冶长10）

4.45　伯牛有疾，子问之，自牖执其手，曰：“亡之，命矣夫！斯人也而有斯疾也！斯人也而有斯疾也！”（雍也10）

4.46 子贡问："师与商也孰贤？"子曰："师也过，商也不及。"曰："然则师愈与？"子曰："过犹不及。"（先进16）

4.47 子游为武城宰。子曰："女得人焉耳乎？"曰："有澹台灭明者，行不由径，非公事，未尝至于偃之室也。"（雍也14）

4.48 子之武城，闻弦歌之声，夫子莞尔而笑，曰："割鸡焉用牛刀？"子游对曰："昔者，偃也闻诸夫子曰：'君子学道则爱人，小人学道则易使也。'"子曰："二三子！偃之言是也，前言戏之耳！"（阳货4）

4.49 子曰："先进于礼乐，野人也；后进于礼乐，君子也。如用之，则吾从先进。"（先进1）

4.50 子在陈，曰："归与！归与！吾党之小子狂简，斐然成章，不知所以裁之。"（公冶长22）

4.51 子曰："从我于陈、蔡者，皆不及门也。"（先进2）

二、谈诗论乐

（一）谈诗

4.52 子曰："小子！何莫学夫《诗》？《诗》，可以兴，可以观，可以群，可以怨。迩之事父，远之事君，多识于鸟兽草木之名。"（阳货9）

4.53 子曰："兴于《诗》，立于礼，成于乐。"（泰伯8）

4.54 子曰："《诗》三百，一言以蔽之，曰：'思无邪。'"（为政2）

4.55 子曰："《关雎》乐而不淫，哀而不伤。"（八佾20）

4.56 子夏问曰："'巧笑倩兮，美目盼兮，素以为绚兮。'何谓也？"子曰："绘事后素。"曰："礼后乎？"子曰："起予者，商也！始可与言《诗》已矣。"（八佾8）

4.57 "唐棣之华，偏其反而。岂不尔思？室是远而。"子曰："未之思也，夫何远之有？"（子罕31）

4.58 子曰："诵《诗》三百，授之以政，不达；使于四方，不能专对。虽多，亦奚以为？"（子路5）

4.59 子谓伯鱼曰："女为《周南》《召南》矣乎？人而不为《周南》《召南》，其犹正墙面而立也与？"（阳货10）

4.60 陈亢问于伯鱼曰："子亦有异闻乎？" 对曰："未也。尝独立，鲤趋而过庭。曰：'学《诗》乎？'对曰：'未也。''不学《诗》，无以言。'鲤退而学诗。他日，又独立，鲤趋而过庭。曰：'学礼乎？'对曰：'未也。''不学礼，无以立！'鲤退而学礼。闻斯二者。"陈亢退而喜曰："问一得三，闻诗，闻礼，又闻君子之远其子也。"（季氏13）

（二）论乐

4.61 子在齐闻《韶》，三月不知肉味，曰："不图为乐之至于斯也。"（述而14）

4.62 子谓《韶》："尽美矣，又尽善也。"谓《武》："尽美矣，未尽善也。"（八佾25）

4.63 子曰："师挚之始，《关雎》之乱，洋洋乎盈耳哉。"（泰伯15）

4.64　子语鲁大师乐，曰："乐其可知也：始作，翕如也；从之，纯如也，皦如也，绎如也，以成。"（八佾 23）

4.65　子曰："礼云礼云！玉帛云乎哉？乐云乐云！钟鼓云乎哉？"（阳货 11）

4.66　子曰："吾自卫反鲁，然后乐正，《雅》《颂》各得其所。"（子罕 15）

三、辨析案例

4.67　宰我问曰："仁者，虽告之曰：'井有仁焉。'其从之也？"子曰："何为其然也？君子可逝也，不可陷也；可欺也，不可罔也。"（雍也 26）

4.68　叶公语孔子曰："吾党有直躬者，其父攘羊而子证之。"孔子曰："吾党之直者异于是：父为子隐，子为父隐，直在其中矣。"（子路 18）

四、议论时政

（一）季氏当权

4.69　孔子谓季氏："八佾舞于庭，是可忍也，孰不可忍也？！"（八佾 1）

4.70　三家者以《雍》彻。子曰："'相维辟公，天子穆穆'，奚取于三家之堂？"（八佾 2）

4.71　季氏旅于泰山。子谓冉有曰："女弗能救与？"对

曰:“不能。”子曰:“呜呼!曾谓泰山不如林放乎?”(八佾6)

4.72 季氏将伐颛臾。冉有、季路见于孔子曰:“季氏将有事于颛臾。”孔子曰:“求,无乃尔是过与?夫颛臾,昔者先王以为东蒙主,且在邦域之中矣,是社稷之臣也,何以伐为?”冉有曰:“夫子欲之,吾二臣者,皆不欲也。”孔子曰:“求!周任有言曰:‘陈力就列,不能者止。’危而不持,颠而不扶,则将焉用彼相矣?且尔言过矣!虎兕出于柙,龟玉毁于椟中,是谁之过与?”冉有曰:“今夫颛臾,固而近于费,今不取,后世必为子孙忧。”孔子曰:“求!君子疾夫舍曰‘欲之’,而必为之辞。丘也闻有国有家者,不患寡而患不均;不患贫而患不安。盖均无贫,和无寡,安无倾。夫如是,故远人不服,则修文德以来之。既来之,则安之。今由与求也,相夫子,远人不服而不能来也,邦分崩离析而不能守也,而谋动干戈于邦内。吾恐季孙之忧,不在颛臾,而在萧墙之内也!”(季氏1)

4.73 康子馈药,拜而受之,曰:“丘未达,不敢尝。”(乡党16)

4.74 孔子曰:“禄之去公室,五世矣;政逮于大夫,四世矣。故夫三桓之子孙微矣。”(季氏3)

(二)鲁国时政

4.75 阳货欲见孔子,孔子不见,归孔子豚。孔子时其亡也,而往拜之。遇诸涂。谓孔子曰:“来!予与尔言。”曰:“怀其宝而迷其邦,可谓仁乎?”曰:“不可。”“好从事而亟失时,

可谓知乎？”曰：“不可。”“日月逝矣，岁不我与！”孔子曰：“诺，吾将仕矣！”（阳货1）

4.76 公山弗扰以费畔，召，子欲往。子路不说，曰：“末之也已，何必公山氏之之也？”子曰：“夫召我者，而岂徒哉？如有用我者，吾其为东周乎！”（阳货5）

4.77 子曰：“臧武仲以防求为后于鲁，虽曰不要君，吾不信也。”（宪问14）

4.78 陈成子弑简公。孔子沐浴而朝，告于哀公曰：“陈恒弑其君，请讨之。”公曰：“告夫三子。”孔子曰：“以吾从大夫之后，不敢不告也！君曰：‘告夫三子者！’”之三子告，不可。孔子曰：“以吾从大夫之后，不敢不告也！”（宪问21）

4.79 冉子退朝，子曰：“何晏也？”对曰：“有政。”子曰：“其事也。如有政，虽不吾以，吾其与闻之！”（子路14）

4.80 厩焚。子退朝，曰：“伤人乎？”不问马。（乡党17）

（三）礼乐衰微

4.81 子曰：“觚不觚，觚哉！觚哉！”（雍也25）

4.82 子曰：“禘自既灌而往者，吾不欲观之矣。”（八佾10）

4.83 或问禘之说。子曰：“不知也。知其说者之于天下也，其如示诸斯乎！”指其掌。（八佾11）

4.84 哀公问社于宰我。宰我对曰：“夏后氏以松，殷人以柏，周人以栗，曰：使民战栗。”子闻之，曰：“成事不说，遂事不谏，既往不咎。”（八佾21）

（四）诸侯各国

（齐国）

4.85 子曰："齐一变，至于鲁；鲁一变，至于道。"（雍也24）

（卫国）

4.86 子曰："鲁、卫之政，兄弟也。"（子路7）

4.87 卫灵公问陈于孔子。孔子对曰："俎豆之事，则尝闻之矣；军旅之事，未之学也。"明日遂行。（卫灵公1）

4.88 子见南子，子路不说。夫子矢之曰："予所否者，天厌之！天厌之！"（雍也28）

4.89 王孙贾问曰："与其媚于奥，宁媚于灶。何谓也？"子曰："不然。获罪于天，无所祷也。"（八佾13）

4.90 子击磬于卫。有荷蒉而过孔氏之门者，曰："有心哉，击磬乎！"既而曰："鄙哉，硁硁乎！莫己知也，斯己而已矣！'深则厉，浅则揭。'"子曰："果哉！末之难矣。"（宪问39）

4.91 子言卫灵公之无道也，康子曰："夫如是，奚而不丧？"孔子曰："仲叔圉治宾客，祝治宗庙，王孙贾治军旅，夫如是，奚其丧？"（宪问19）

4.92 蘧伯玉使人于孔子。孔子与之坐而问焉。曰："夫子何为？"对曰："夫子欲寡其过而未能也。"使者出。子曰："使乎！使乎！"（宪问25）

4.93 冉有曰："夫子为卫君乎？"子贡曰："诺。吾将问之。"入，曰："伯夷、叔齐何人也？"曰："古之贤人也。"

曰："怨乎？"曰："求仁而得仁，又何怨？"出，曰："夫子不为也。"（述而 15）

（晋）

4.94　佛肸召，子欲往。子路曰："昔者，由也闻诸夫子曰：'亲于其身为不善者，君子不入也。'佛肸以中牟畔，子之往也，如之何？"子曰："然，有是言也。不曰'坚'乎？磨而不磷；不曰'白'乎？涅而不缁。吾岂匏瓜也哉？焉能系而不食！"（阳货 7）

（外夷）

4.95　子曰："夷狄之有君，不如诸夏之亡也。"（八佾 5）

4.96　子欲居九夷。或曰："陋，如之何？"子曰："君子居之，何陋之有？"（子罕 14）

（五）隐士之讽

4.97　微生亩谓孔子曰："丘何为是栖栖者与？无乃为佞乎？"孔子曰："非敢为佞也，疾固也。"（宪问 32）

4.98　长沮、桀溺耦而耕。孔子过之，使子路问津焉。长沮曰："夫执舆者为谁？"子路曰："为孔丘。"曰："是鲁孔丘与？"曰："是也。"曰："是知津矣！"问于桀溺，桀溺曰："子为谁？"曰："为仲由。"曰："是鲁孔丘之徒与？"对曰："然。"曰："滔滔者，天下皆是也，而谁以易之？且而与其从辟人之士也，岂若从辟世之士哉？"耰而不辍。子路行以告。夫

子怃然曰："鸟兽不可与同群，吾非斯人之徒与而谁与？天下有道，丘不与易也。"（微子6）

4.99 子路从而后，遇丈人，以杖荷蓧。子路问曰："子见夫子乎？"丈人曰："四体不勤，五谷不分，孰为夫子？"植其杖而芸。子路拱而立。止子路宿，杀鸡为黍而食之，见其二子焉。明日，子路行以告。子曰："隐者也。"使子路反见之。至，则行矣。子路曰："不仕无义。长幼之节，不可废也；君臣之义，如之何其废之？欲洁其身，而乱大伦。君子之仕也，行其义也。道之不行，已知之矣。"（微子7）

4.100 楚狂接舆歌而过孔子，曰："凤兮！凤兮！何德之衰？往者不可谏，来者犹可追。已而！已而！今之从政者殆而！"孔子下，欲与之言。趋而辟之，不得与之言。（微子5）

五、臧否人物

（一）同代之人

（鲁国人物）

4.101 陈司败问昭公知礼乎，孔子曰："知礼。"孔子退，揖巫马期进之，曰："吾闻君子不党，君子亦党乎？君取于吴，为同姓，谓之吴孟子。君而知礼，孰不知礼？"巫马期以告。子曰："丘也幸，苟有过，人必知之。"（述而31）

4.102 子曰："孟之反不伐，奔而殿，将入门，策其马，曰：'非敢后也，马不进也。'"（雍也15）

4.103 子曰："孟公绰为赵、魏老则优，不可以为滕、薛大

夫。”（宪问 11）

4.104　季文子三思而后行。子闻之，曰：“再，斯可矣。”（公冶长 20）

4.105　原壤夷俟。子曰：“幼而不孙弟，长而无述焉，老而不死，是为贼。”以杖叩其胫。（宪问 43）

4.106　阙党童子将命。或问之曰：“益者与？”子曰：“吾见其居于位也，见其与先生并行也，非求益者也，欲速成者也。”（宪问 44）

4.107　互乡难与言，童子见，门人惑。子曰：“与其进也，不与其退也，唯何甚？人洁己以进，与其洁也，不保其往也。”（述而 29）

（各国人物）

4.108　子张问曰：“令尹子文三仕为令尹，无喜色；三已之，无愠色。旧令尹之政，必以告新令尹。何如？”子曰：“忠矣。”曰：“仁矣乎？”曰：“未知。焉得仁？”“崔子弑齐君，陈文子有马十乘，弃而违之。至于他邦，则曰：‘犹吾大夫崔子也。’违之。之一邦，则又曰：‘犹吾大夫崔子也。’违之。何如？”子曰：“清矣。”曰：“仁矣乎？”曰：“未知。焉得仁？”（公冶长 19）

4.109　子曰：“晏平仲善与人交，久而敬之。”（公冶长 17）

4.110　子曰：“宁武子，邦有道，则知；邦无道，则愚。其知可及也，其愚不可及也。”（公冶长 21）

4.111　子曰：“直哉史鱼！邦有道，如矢；邦无道，如矢。君子哉蘧伯玉！邦有道，则仕；邦无道，则可卷而怀之。”（卫

灵公7)

4.112 子谓卫公子荆善居屋:“始有,曰:‘苟合矣。’少有,曰:‘苟完矣。’富有,曰:‘苟美矣。’”(子路8)

4.113 仲弓问子桑伯子。子曰:“可也,简。”仲弓曰:“居敬而行简,以临其民,不亦可乎?居简而行简,无乃大简乎?”子曰:“雍之言然。”(雍也2)

4.114 子贡问曰:“孔文子何以谓之‘文’也?”子曰:“敏而好学,不耻下问,是以谓之‘文’也。”(公冶长15)

4.115 子问公叔文子于公明贾曰:“信乎?夫子不言、不笑、不取乎?”公明贾对曰:“以告者过也。夫子时然后言,人不厌其言;乐然后笑,人不厌其笑;义然后取,人不厌其取。”子曰:“其然。岂其然乎?”(宪问13)

4.116 公叔文子之臣大夫僎,与文子同升诸公。子闻之曰:“可以为‘文’矣!”(宪问18)

4.117 子曰:“不有祝鮀之佞,而有宋朝之美,难乎免于今之世矣。”(雍也16)

(二)历史人物

(圣王)

4.118 子曰:“大哉,尧之为君也!巍巍乎,唯天为大,唯尧则之。荡荡乎,民无能名焉。巍巍乎,其有成功也!焕乎,其有文章!”(泰伯19)

4.119 子曰:“巍巍乎,舜禹之有天下也,而不与焉。”(泰伯18)

4.120　子曰："无为而治者，其舜也与！夫何为哉？恭己正南面而已矣。"（卫灵公5）

4.121　舜有臣五人，而天下治。武王曰："予有乱臣十人。"孔子曰："才难，不其然乎？唐虞之际，于斯为盛。有妇人焉，九人而已。三分天下有其二，以服事殷。周之德，其可谓至德也已矣。"（泰伯20）

4.122　子曰："禹，吾无间然矣。菲饮食，而致孝乎鬼神；恶衣服，而致美乎黻冕；卑宫室，而尽力乎沟洫。禹，吾无间然矣。"（泰伯21）

4.123　南宫适问于孔子曰："羿善射，奡荡舟，俱不得其死然。禹、稷躬稼而有天下。"夫子不答。南宫适出，子曰："君子哉若人！尚德哉若人！"（宪问5）

（名臣）

4.124　子曰："泰伯其可谓至德也已矣。三以天下让，民无得而称焉。"（泰伯1）

4.125　微子去之，箕子为之奴，比干谏而死。孔子曰："殷有三仁焉！"（微子1）

4.126　子谓子产："有君子之道四焉：其行己也恭，其事上也敬，其养民也惠，其使民也义。"（公冶长16）

4.127　子曰："为命，裨谌草创之，世叔讨论之，行人子羽修饰之，东里子产润色之。"（宪问8）

4.128　或问子产。子曰："惠人也。"问子西。曰："彼哉！彼哉！"问管仲。曰："人也，夺伯氏骈邑三百，饭疏食，没齿

无怨言。”（宪问 9）

4.129　子路曰：“桓公杀公子纠，召忽死之，管仲不死。”曰：“未仁乎？”子曰：“桓公九合诸侯，不以兵车，管仲之力也。如其仁！如其仁！”（宪问 16）

4.130　子贡曰：“管仲非仁者与？桓公杀公子纠，不能死，又相之。”子曰：“管仲相桓公，霸诸侯，一匡天下，民到于今受其赐。微管仲，吾其被发左衽矣！岂若匹夫匹妇之为谅也，自经于沟渎而莫之知也！”（宪问 17）

4.131　子曰：“管仲之器小哉！”或曰：“管仲俭乎？”曰：“管氏有三归，官事不摄，焉得俭？”“然则管仲知礼乎？”曰：“邦君树塞门，管氏亦树塞门。邦君为两君之好，有反坫，管氏亦有反坫。管氏而知礼，孰不知礼？”（八佾 22）

（贤者）

4.132　子曰：“伯夷、叔齐不念旧恶，怨是用希。”（公冶长 23）

4.133　逸民：伯夷、叔齐、虞仲、夷逸、朱张、柳下惠、少连。子曰：“不降其志，不辱其身，伯夷、叔齐与？”谓柳下惠、少连：“降志辱身矣。言中伦，行中虑，其斯而已矣！”谓虞仲、夷逸：“隐居放言，身中清，废中权。我则异于是，无可无不可。”（微子 8）

4.134　子曰：“巧言，令色，足恭，左丘明耻之，丘亦耻之。匿怨而友其人，左丘明耻之，丘亦耻之。”（公冶长 25）

（其他）

4.135　子曰：“晋文公谲而不正；齐桓公正而不谲。”（宪问15）

4.136　子曰：“臧文仲居蔡，山节藻棁，何如其知也？”（公冶长18）

4.137　子曰：“臧文仲其窃位者与？知柳下惠之贤而不与立也。”（卫灵公14）

4.138　子曰：“孰谓微生高直？或乞醯焉，乞诸邻而与之。”（公冶长24）

4.139　子张曰：“《书》云：‘高宗谅阴，三年不言。’何谓也？”子曰：“何必高宗，古之人皆然。君薨，百官总己以听于冢宰三年。”（宪问40）

4.140　子曰：“吾之于人也，谁毁谁誉？如有所誉者，其有所试矣。斯民也，三代之所以直道而行也。”（卫灵公25）

哲思篇第五

一、天命

5.1　子畏于匡，曰：“文王既没，文不在兹乎？天之将丧斯文也，后死者不得与于斯文也；天之未丧斯文也，匡人其如予何？”（子罕5）

5.2　子曰：“天生德于予，桓魋其如予何？”（述而23）

5.3　公伯寮愬子路于季孙，子服景伯以告，曰：“夫子固有

惑志于公伯寮，吾力犹能肆诸市朝。”子曰：“道之将行也与？命也；道之将废也与？命也。公伯寮其如命何！”（宪问 36）

5.4 子曰：“莫我知也夫！”子贡曰：“何为其莫知子也？”子曰：“不怨天，不尤人，下学而上达。知我者，其天乎？”（宪问 35）

5.5 子曰：“予欲无言。”子贡曰：“子如不言，则小子何述焉？”子曰：“天何言哉？四时行焉，百物生焉，天何言哉？”（阳货 19）

5.6 子曰：“凤鸟不至，河不出图，吾已矣夫！”（子罕 9）

二、鬼神

5.7 祭如在，祭神如神在。子曰：“吾不与祭，如不祭。”（八佾 12）

5.8 季路问事鬼神。子曰：“未能事人，焉能事鬼？”“敢问死？”曰：“未知生，焉知死？”（先进 12）

5.9 樊迟问知。子曰：“务民之义，敬鬼神而远之，可谓知矣。”（雍也 22）

5.10 子疾病，子路请祷。子曰：“有诸？”子路对曰：“有之。《诔》曰：‘祷尔于上下神祇。’”子曰：“丘之祷久矣。”（述而 35）

5.11 子曰：“非其鬼而祭之，谄也；见义不为，无勇也。”（为政 24）

三、夫子自道

5.12　达巷党人曰:“大哉孔子!博学而无所成名。”子闻之,谓门弟子曰:“吾何执?执御乎?执射乎?吾执御矣。”(子罕2)

5.13　太宰问于子贡曰:“夫子圣者与?何其多能也?”子贡曰:“固天纵之将圣,又多能也。”子闻之,曰:“太宰知我乎?吾少也贱,故多能鄙事。君子多乎哉?不多也!”(子罕6)

5.14　牢曰:“子云:‘吾不试,故艺。’”(子罕7)

5.15　子曰:“赐也,女以予为多学而识之者与?”对曰:“然,非与?”曰:“非也。予一以贯之。”(卫灵公3)

5.16　子曰:“出则事公卿,入则事父兄,丧事不敢不勉,不为酒困,何有于我哉?”(子罕16)

5.17　子曰:“苟有用我者,期月而已可也,三年有成。”(子路10)

5.18　子曰:“二三子以我为隐乎?吾无隐乎尔。吾无行而不与二三子者,是丘也。”(述而24)

5.19　子曰:“若圣与仁,则吾岂敢?抑为之不厌,诲人不倦,则可谓云尔已矣。”公西华曰:“正唯弟子不能学也。”(述而34)

5.20　子曰:“文,莫吾犹人也。躬行君子,则吾未之有得。”(述而33)

5.21　子曰:“述而不作,信而好古,窃比于我老彭。”(述而1)

5.22　子曰："默而识之，学而不厌，诲人不倦，何有于我哉？"（述而 2）

5.23　叶公问孔子于子路，子路不对。子曰："女奚不曰：其为人也，发愤忘食，乐以忘忧，不知老之将至云尔。"（述而 19）

四、时光如逝水

5.24　子在川上曰："逝者如斯夫！不舍昼夜。"（子罕 17）

5.25　色斯举矣，翔而后集。曰："山梁雌雉，时哉！时哉！"子路共之，三嗅而作。（乡党 27）

5.26　子曰："甚矣，吾衰也！久矣，吾不复梦见周公！"（述而 5）

外编：弟子之言

评价篇第六

一、生前

6.1　仪封人请见，曰："君子之至于斯也，吾未尝不得见也。"从者见之。出曰："二三子何患于丧乎？天下之无道也久矣，天将以夫子为木铎。"（八佾 24）

6.2　子路宿于石门。晨门曰："奚自？"子路曰："自孔

氏。”曰：“是知其不可而为之者与？”（宪问38）

二、身后

6.3　叔孙武叔语大夫于朝曰：“子贡贤于仲尼。”子服景伯以告子贡。子贡曰：“譬之宫墙。赐之墙也及肩，窥见室家之好；夫子之墙数仞，不得其门而入，不见宗庙之美，百官之富。得其门者或寡矣！夫子之云，不亦宜乎？”（子张23）

6.4　叔孙武叔毁仲尼。子贡曰：“无以为也！仲尼不可毁也。他人之贤者，丘陵也，犹可逾也；仲尼，日月也，无得而逾焉。人虽欲自绝，其何伤于日月乎？多见其不知量也！”（子张24）

6.5　陈子禽谓子贡曰：“子为恭也，仲尼岂贤于子乎？”子贡曰：“君子一言以为知，一言以为不知，言不可不慎也！夫子之不可及也，犹天之不可阶而升也。夫子之得邦家者，所谓‘立之斯立，道之斯行，绥之斯来，动之斯和。其生也荣，其死也哀’。如之何其可及也？”（子张25）

三、学说

6.6　颜渊喟然叹曰：“仰之弥高，钻之弥坚。瞻之在前，忽焉在后！夫子循循然善诱人，博我以文，约我以礼，欲罢不能。既竭吾才，如有所立卓尔，虽欲从之，末由也已！”（子罕11）

6.7 子贡曰："夫子之文章，可得而闻也；夫子之言性与天道，不可得而闻也。"（公冶长 13）

6.8 卫公孙朝问于子贡曰："仲尼焉学？"子贡曰："文武之道，未坠于地，在人。贤者识其大者，不贤者识其小者，莫不有文武之道焉。夫子焉不学？而亦何常师之有！"（子张 22）

记忆篇第七

一、音容笑貌

7.1 子温而厉，威而不猛，恭而安。（述而 38）

7.2 子所雅言，《诗》《书》、执礼，皆雅言也。（述而 18）

二、行为举止

（一）朝廷之上

7.3 君召使摈，色勃如也，足躩如也。揖所与立，左右手，衣前后，襜如也。趋进，翼如也。宾退，必复命，曰："宾不顾矣。"（乡党 3）

7.4 入公门，鞠躬如也，如不容。立不中门，行不履阈。过位，色勃如也，足躩如也，其言似不足者。摄齐升堂，鞠躬如也，屏气似不息者。出，降一等，逞颜色，怡怡如也。没阶，趋进，翼如也。复其位，踧踖如也。（乡党 4）

7.5 执圭，鞠躬如也，如不胜。上如揖，下如授，勃如战色。

足蹜蹜，如有循。享礼，有容色；私觌，愉愉如也。（乡党5）

7.6　朝，与下大夫言，侃侃如也；与上大夫言，訚訚如也。君在，踧踖如也，与与如也。（乡党2）

（二）乡野之间

7.7　孔子于乡党，恂恂如也，似不能言者。其在宗庙朝廷，便便言，唯谨尔。（乡党1）

7.8　乡人傩，朝服而立于阼阶。（乡党14）

7.9　子与人歌而善，必使反之，而后和之。（述而32）

7.10　问人于他邦，再拜而送之。（乡党15）

7.11　朋友之馈，虽车马，非祭肉，不拜。（乡党23）

7.12　子于是日哭，则不歌。（述而10）

7.13　子食于有丧者之侧，未尝饱也。（述而9）

7.14　子见齐衰者、冕衣裳者与瞽者，见之，虽少必作，过之必趋。（子罕10）

7.15　见齐衰者，虽狎必变。见冕者与瞽者，虽亵必以貌。凶服者式之，式负版者。有盛馔，必变色而作。迅雷风烈必变。（乡党25）

三、衣食住行

（一）衣

7.16　君子不以绀緅饰，红紫不以为亵服。当暑，袗絺绤，必表而出之。缁衣，羔裘；素衣，麑裘；黄衣，狐裘。亵裘长，短右袂。必有寝衣，长一身有半。狐貉之厚以居。去丧，无所不佩。非帷裳，必杀之。羔裘玄冠，不以吊。吉月，必朝服而朝。(乡党6)

7.17 齐，必有明衣，布。齐，必变食，居必迁坐。(乡党7)

（二）食

7.18 君赐食，必正席先尝之。君赐腥，必熟而荐之。君赐生，必畜之。侍食于君，君祭，先饭。(乡党18)

7.19 食不厌精，脍不厌细。食饐而餲，鱼馁而肉败，不食。色恶不食，臭恶不食。失饪不食，不时不食。割不正不食，不得其酱不食。肉虽多，不使胜食气；唯酒无量，不及乱。沽酒，市脯，不食。不撤姜食，不多食。(乡党8)

7.20 祭于公，不宿肉。祭肉，不出三日。出三日，不食之矣。(乡党9)

7.21 食不语，寝不言。(乡党10)

7.22 虽疏食、菜羹，瓜祭，必齐如也。(乡党11)

7.23 乡人饮酒，杖者出，斯出矣。(乡党13)

（三）住

7.24 子之燕居，申申如也，夭夭如也。(述而4)

7.25 席不正，不坐。(乡党12)

7.26 寝不尸，居不客。(乡党24)

7.27 疾，君视之，东首，加朝服，拖绅。(乡党19)

（四）行

7.28　君命召，不俟驾行矣。（乡党20）

7.29　升车，必正立，执绥。车中，不内顾，不疾言，不亲指。（乡党26）

四、言传身教

7.30　子罕言利，与命，与仁。（子罕1）

7.31　子之所慎：齐、战、疾。（述而13）

7.32　子不语怪、力、乱、神。（述而21）

7.33　子以四教：文、行、忠、信。（述而25）

7.34　子绝四：毋意，毋必，毋固，毋我。（子罕4）

7.35　子钓而不纲，弋不射宿。（述而27）

五、生平际遇

7.36　齐景公待孔子，曰："若季氏，则吾不能，以季、孟之间待之。"曰："吾老矣。不能用也。"孔子行。（微子3）

7.37　齐人归女乐，季桓子受之，三日不朝，孔子行。（微子4）

7.38　孺悲欲见孔子，孔子辞以疾。将命者出户，取瑟而歌，使之闻之。（阳货20）

阐释篇第八

一、主要思想

（一）孝悌

8.1 有子曰："其为人也孝弟，而好犯上者，鲜矣；不好犯上，而好作乱者，未之有也。君子务本，本立而道生。孝弟也者，其为仁之本与！"（学而2）

8.2 司马牛忧曰："人皆有兄弟，我独亡！"子夏曰："商闻之矣：'死生有命，富贵在天。'君子敬而无失，与人恭而有礼，四海之内，皆兄弟也。君子何患乎无兄弟也？"（颜渊5）

8.3 曾子曰："吾闻诸夫子：'人未有自致者也，必也亲丧乎！'"（子张17）

8.4 曾子曰："吾闻诸夫子：'孟庄子之孝也，其他可能也；其不改父之臣与父之政，是难能也。'"（子张18）

8.5 子游曰："丧致乎哀而止。"（子张14）

（二）礼

8.6 有子曰："礼之用，和为贵。先王之道，斯为美，小大由之。有所不行，知和而和，不以礼节之，亦不可行也。"（学而12）

8.7 有子曰："信近于义，言可复也；恭近于礼，远耻辱也。因不失其亲，亦可宗也。"（学而13）

二、学习修身

（一）学习

8.8　子夏曰："博学而笃志，切问而近思，仁在其中矣。"（子张 6）

8.9　子夏曰："百工居肆以成其事，君子学以致其道。"（子张 7）

8.10　子夏曰："日知其所亡，月无忘其所能，可谓好学也已矣！"（子张 5）

8.11　曾子曰："以能问于不能，以多问于寡，有若无，实若虚，犯而不校：昔者吾友，尝从事于斯矣。"（泰伯 5）

（二）修身

8.12　子贡曰："君子之过也，如日月之食焉。过也，人皆见之；更也，人皆仰之。"（子张 21）

8.13　曾子曰："吾日三省吾身——为人谋而不忠乎？与朋友交而不信乎？传不习乎？"（学而 4）

8.14　子夏曰："贤贤易色。事父母，能竭其力；事君，能致其身；与朋友交，言而有信。虽曰未学，吾必谓之学矣。"（学而 7）

8.15　子夏曰："大德不逾闲，小德出入可也。"（子张 11）

8.16　子夏曰："小人之过也，必文。"（子张 8）

8.17　子张曰："执德不弘，信道不笃，焉能为有？焉能为亡？"（子张 2）

8.18 曾子有疾，孟敬子问之。曾子言曰：“鸟之将死，其鸣也哀；人之将死，其言也善。君子所贵乎道者三：动容貌，斯远暴慢矣；正颜色，斯近信矣；出辞气，斯远鄙倍矣。笾豆之事，则有司存。”（泰伯4）

8.19 曾子有疾，召门弟子曰：“启予足！启予手！诗云：‘战战兢兢，如临深渊，如履薄冰。’而今而后，吾知免夫！小子！”（泰伯3）

三、君子和志士

（一）君子

8.20 曾子曰：“可以托六尺之孤，可以寄百里之命，临大节而不可夺也——君子人与？君子人也。”（泰伯6）

8.21 曾子曰：“君子以文会友，以友辅仁。”（颜渊24）

8.22 棘子成曰：“君子质而已矣，何以文为？”子贡曰：“惜乎，夫子之说君子也，驷不及舌！文犹质也，质犹文也。虎豹之鞟，犹犬羊之鞟。”（颜渊8）

8.23 子夏曰：“君子有三变：望之俨然，即之也温，听其言也厉。”（子张9）

8.24 子夏曰：“虽小道，必有可观者焉，致远恐泥，是以君子不为也。”（子张4）

（二）志士

8.25 曾子曰：“士不可以不弘毅，任重而道远。仁以为己

任，不亦重乎？死而后已，不亦远乎？”（泰伯7）

8.26　子张曰：“士见危致命，见得思义，祭思敬，丧思哀，其可已矣。”（子张1）

四、治国之策

8.27　子禽问于子贡曰：“夫子至于是邦也，必闻其政，求之与？抑与之与？”子贡曰：“夫子温、良、恭、俭、让以得之。夫子之求之也，其诸异乎人之求之与？”（学而10）

8.28　子夏曰：“仕而优则学，学而优则仕。”（子张13）

8.29　子夏曰：“君子信而后劳其民，未信，则以为厉己也。信而后谏，未信，则以为谤己也。”（子张10）

8.30　哀公问于有若曰：“年饥，用不足，如之何？”有若对曰：“盍彻乎？”曰：“二，吾犹不足，如之何其彻也？”对曰：“百姓足，君孰不足？百姓不足，君孰与足？”（颜渊9）

8.31　曾子曰：“慎终，追远，民德归厚矣。”（学而9）

8.32　“子曰：‘不在其位，不谋其政’。”曾子曰：“君子思不出其位。”（宪问26）

8.33　孟氏使阳肤为士师，问于曾子。曾子曰：“上失其道，民散久矣。如得其情，则哀矜而勿喜。”（子张19）

8.34　柳下惠为士师，三黜。人曰：“子未可以去乎？”曰：“直道而事人，焉往而不三黜？枉道而事人，何必去父母之邦？”（微子2）

五、交友之道

8.35 子游曰："事君数，斯辱矣。朋友数，斯疏矣。"（里仁 26）

8.36 子夏之门人，问"交"于子张。子张曰："子夏云何？"对曰："子夏曰：'可者与之，其不可者拒之。'"子张曰："异乎吾所闻。君子尊贤而容众，嘉善而矜不能。我之大贤与，于人何所不容？我之不贤与，人将拒我，如之何其拒人也？"（子张 3）

六、关于弟子

8.37 德行：颜渊、闵子骞、冉伯牛、仲弓。言语：宰我、子贡。政事：冉有、季路。文学：子游、子夏。（先进 3）

8.38 子路有闻，未之能行，唯恐有闻。（公冶长 14）

8.39 季氏使闵子骞为费宰。闵子骞曰："善为我辞焉！如有复我者，则必在汶上矣。"（雍也 9）

8.40 南容三复白圭。孔子以其兄之子妻之。（先进 6）

8.41 柴也愚，参也鲁，师也辟，由也喭。（先进 18）

8.42 曾子曰："堂堂乎张也，难与并为仁矣。"（子张 16）

8.43 子游曰："吾友张也，为难能也，然而未仁。"（子张 15）

8.44 子游曰："子夏之门人小子，当洒扫、应对、进退，则可矣，抑末也。本之则无，如之何？"子夏闻之曰："噫！言游过矣！君子之道，孰先传焉？孰后倦焉？譬诸草木，区以别矣。君子之道，焉可诬也？有始有卒者，其惟圣人乎！"（子张 12）

七、历史之鉴

8.45　尧曰："咨！尔舜！天之历数在尔躬，允执其中！四海困穷，天禄永终。"舜亦以命禹。曰："予小子履，敢用玄牡，敢昭告于皇皇后帝：有罪不敢赦。帝臣不蔽，简在帝心。朕躬有罪，无以万方；万方有罪，罪在朕躬。""周有大赉，善人是富。虽有周亲，不如仁人。百姓有过，在予一人。"谨权量，审法度，修废官，四方之政行焉。兴灭国，继绝世，举逸民，天下之民归心焉。所重：民、食、丧、祭。宽则得众，信则民任焉。敏则有功，公则说。（尧曰1）

8.46　子贡曰："纣之不善，不如是之甚也。是以君子恶居下流，天下之恶皆归焉。"（子张20）

8.47　周公谓鲁公曰："君子不施其亲，不使大臣怨乎不以。故旧无大故，则不弃也。无求备于一人。"（微子10）

8.48　齐景公有马千驷，死之日，民无德而称焉；伯夷、叔齐饿于首阳之下，民到于今称之。其斯之谓与？（季氏12）

8.49　周有八士：伯达、伯适、仲突、仲忽、叔夜、叔夏、季随、季騧。（微子11）

8.50　邦君之妻，君称之曰"夫人"，夫人自称"小童"，邦人称之曰"君夫人"，称诸异邦曰"寡小君"，异邦人称之，亦曰"君夫人"。（季氏14）

8.51　大师挚适齐，亚饭干适楚，三饭缭适蔡，四饭缺适秦，鼓方叔入于河，播鼗武入于汉，少师阳、击磬襄入于海。（微子9）

〖附录2〗

《论语》原文*

學而第一
爲政第二
八佾第三
里仁第四
公冶長第五
雍也第六
述而第七
泰伯第八
子罕第九
鄉黨第十
先進第十一
顏淵第十二
子路第十三
憲問第十四
衛靈公第十五
季氏第十六
陽貨第十七
微子第十八
子張第十九
堯曰第二十

* 此文本以杨伯峻著《论语译注》(中华书局，1980年12月第2版)为基础，一些异文、句读、标点，根据〔清〕刘宝楠撰《论语正义》(中华书局，1990年3月第1版)而有所校正。

學而第一

1. 子曰："學而時習之，不亦說乎？有朋自遠方來，不亦樂乎？人不知而不愠，不亦君子乎？"

2. 有子曰："其爲人也孝弟，而好犯上者，鮮矣；不好犯上，而好作亂者，未之有也。君子務本，本立而道生。孝弟也者，其爲仁之本與！"

3. 子曰："巧言令色，鮮矣仁！"

4. 曾子曰："吾日三省吾身：爲人謀而不忠乎？與朋友交而不信乎？傳不習乎？"

5. 子曰："道千乘之國，敬事而信，節用而愛人，使民以時。"

6. 子曰："弟子，入則孝，出則弟，謹而信，汎愛衆，而親仁。行有餘力，則以學文。"

7. 子夏曰："賢賢易色；事父母，能竭其力；事君，能致其身；與朋友交，言而有信。雖曰未學，吾必謂之學矣。"

8. 子曰："君子不重，則不威；學則不固。主忠信。無友不如己者。過，則勿憚改。"

9. 曾子曰："慎終，追遠，民德歸厚矣。"

10. 子禽問於子貢曰："夫子至於是邦也，必聞其政，求之與？抑與之與？"子貢曰："夫子溫、良、恭、儉、讓以得之。夫子之求之也，其諸異乎人之求之與？"

11. 子曰："父在，觀其志；父沒，觀其行；三年無改於父之道，可謂孝矣。"

12. 有子曰："禮之用，和爲貴。先王之道，斯爲美；小大由之。

有所不行，知和而和，不以禮節之，亦不可行也。”

13. 有子曰：“信近於義，言可復也。恭近於禮，遠恥辱也。因不失其親，亦可宗也。”

14. 子曰：“君子食無求飽，居無求安，敏於事而慎於言，就有道而正焉，可謂好學也已。”

15. 子貢曰：“貧而無諂，富而無驕，何如？”子曰：“可也；未若貧而樂，富而好禮者也。”子貢曰：“《詩》云：‘如切如磋，如琢如磨。’其斯之謂與？”子曰：“賜也，始可與言《詩》已矣，告諸往而知來者。”

16. 子曰：“不患人之不己知，患不知人也。”

爲政第二

1. 子曰：“爲政以德，譬如北辰，居其所而衆星共之。”

2. 子曰：“《詩》三百，一言以蔽之，曰：‘思無邪。’”

3. 子曰：“道之以政，齊之以刑，民免而無恥；道之以德，齊之以禮，有恥且格。”

4. 子曰：“吾十有五而志於學，三十而立，四十而不惑，五十而知天命，六十而耳順，七十而從心所欲，不踰矩。”

5. 孟懿子問孝。子曰：“無違。”樊遲御，子告之曰：“孟孫問孝於我，我對曰：‘無違’。”樊遲曰：“何謂也？”子曰：“生，事之以禮；死，葬之以禮，祭之以禮。”

6. 孟武伯問孝。子曰：“父母唯其疾之憂。”

7. 子游問孝。子曰：“今之孝者，是謂能養。至於犬馬，皆能有養。不敬，何以别乎？”

8. 子夏問孝。子曰：“色難。有事，弟子服其勞；有酒食，先生饌，曾是以爲孝乎？”

9. 子曰：“吾與回言終日，不違，如愚。退而省其私，亦足以發，回也不愚。”

10. 子曰：“視其所以，觀其所由，察其所安。人焉廋哉？人焉廋哉？”

11. 子曰：“温故而知新，可以爲師矣。”

12. 子曰：“君子不器。”

13. 子貢問君子。子曰：“先行其言而後從之。”

14. 子曰：“君子周而不比，小人比而不周。”

15. 子曰：“學而不思則罔，思而不學則殆。”

16. 子曰：“攻乎異端，斯害也已。”

17. 子曰：“由！誨女知之乎！知之爲知之，不知爲不知，是知也。”

18. 子張學干禄。子曰：“多聞闕疑，慎言其餘，則寡尤；多見闕殆，慎行其餘，則寡悔。言寡尤，行寡悔，禄在其中矣。”

19. 哀公問曰：“何爲則民服？”孔子對曰：“舉直錯諸枉，則民服；舉枉錯諸直，則民不服。”

20. 季康子問：“使民敬、忠以勸，如之何？”子曰：“臨之以莊，則敬；孝慈，則忠；舉善而教不能，則勸。”

21. 或謂孔子曰：“子奚不爲政？”子曰：“《書》云：‘孝乎惟孝，友于兄弟，施於有政。’是亦爲政，奚其爲爲政？”

22. 子曰：“人而無信，不知其可也。大車無輗，小車無軏，其何以行之哉？”

23. 子張問：“十世可知也？”子曰：“殷因於夏禮，所損益，可知也；周因於殷禮，所損益，可知也。其或繼周者，雖百世，可知也。”

24. 子曰：“非其鬼而祭之，諂也。見義不爲，無勇也。”

八佾第三

1. 孔子謂季氏：“八佾舞於庭，是可忍也，孰不可忍也？”

2. 三家者以雍徹。子曰：“‘相維辟公，天子穆穆’，奚取於三家之堂？”

3. 子曰：“人而不仁，如禮何？人而不仁，如樂何？”

4. 林放問禮之本。子曰：“大哉問！禮，與其奢也，寧儉；喪，與其易也，寧戚。”

5. 子曰：“夷狄之有君，不如諸夏之亡也。”

6. 季氏旅於泰山。子謂冉有曰：“女弗能救與？”對曰：“不能。”子曰：“嗚呼！曾謂泰山不如林放乎？”

7. 子曰：“君子無所爭。必也射乎！揖讓而升，下而飲。其爭也君子。”

8. 子夏問曰：“‘巧笑倩兮，美目盼兮，素以爲絢兮。’何謂也？”子曰：“繪事後素。”曰：“禮後乎？”子曰：“起予者商也！始可與言《詩》已矣。”

9. 子曰：“夏禮，吾能言之，杞不足徵也；殷禮，吾能言之，宋不足徵也。文獻不足故也。足，則吾能徵之矣。”

10. 子曰："禘自既灌而往者，吾不欲觀之矣。"

11. 或問禘之說。子曰："不知也。知其說者之於天下也，其如示諸斯乎！"指其掌。

12. 祭如在，祭神如神在。子曰："吾不與祭，如不祭。"

13. 王孫賈問曰："與其媚於奥，寧媚於竈，何謂也？"子曰："不然。獲罪於天，無所禱也。"

14. 子曰："周監於二代，郁郁乎文哉！吾從周。"

15. 子入太廟，每事問。或曰："孰謂鄹人之子知禮乎？入太廟，每事問。"子聞之，曰："是禮也。"

16. 子曰："射不主皮，爲力不同科，古之道也。"

17. 子貢欲去告朔之餼羊。子曰："賜也！爾愛其羊，我愛其禮。"

18. 子曰："事君盡禮，人以爲諂也。"

19. 定公問："君使臣，臣事君，如之何？"孔子對曰："君使臣以禮，臣事君以忠。"

20. 子曰："關雎，樂而不淫，哀而不傷。"

21. 哀公問社於宰我。宰我對曰："夏后氏以松，殷人以柏，周人以栗，曰，使民戰栗。"子聞之，曰："成事不說，遂事不諫，既往不咎。"

22. 子曰："管仲之器小哉！"或曰："管仲儉乎？"曰："管氏有三歸，官事不攝，焉得儉？""然則管仲知禮乎？"曰："邦君樹塞門，管氏亦樹塞門。邦君爲兩君之好，有反坫，管氏亦有反坫。管氏而知禮，孰不知禮？"

23. 子語魯大師樂，曰："樂其可知也：始作，翕如也；從之，純如也，皦如也，繹如也，以成。"

24. 儀封人請見，曰：“君子之至於斯也，吾未嘗不得見也。”從者見之。出曰：“二三子何患於喪乎？天下之無道也久矣，天將以夫子爲木鐸。”

25. 子謂《韶》，“盡美矣，又盡善也。”謂《武》，“盡美矣，未盡善也”。

26. 子曰：“居上不寬，爲禮不敬，臨喪不哀，吾何以觀之哉？”

里仁第四

1. 子曰：“里仁爲美。擇不處仁，焉得知？”

2. 子曰：“不仁者不可以久處約，不可以長處樂。仁者安仁，知者利仁。”

3. 子曰：“惟仁者能好人，能惡人。”

4. 子曰：“苟志於仁矣，無惡也。”

5. 子曰：“富與貴，是人之所欲也；不以其道得之，不處也。貧與賤，是人之所惡也；不以其道得之，不去也。君子去仁，惡乎成名？君子無終食之間違仁，造次必於是，顛沛必於是。”

6. 子曰：“我未見好仁者，惡不仁者。好仁者，無以尚之；惡不仁者，其爲仁矣，不使不仁者加乎其身。有能一日用其力於仁矣乎？我未見力不足者。蓋有之矣，我未之見也。”

7. 子曰：“人之過也，各於其黨。觀過，斯知仁矣。”

8. 子曰：“朝聞道，夕死可矣。”

9. 子曰：“士志於道，而恥惡衣惡食者，未足與議也。”

10. 子曰：“君子之於天下也，無適也，無莫也，義之與比。”

11. 子曰："君子懷德，小人懷土；君子懷刑，小人懷惠。"

12. 子曰："放於利而行，多怨。"

13. 子曰："能以禮讓爲國乎？何有？不能以禮讓爲國，如禮何？"

14. 子曰："不患無位，患所以立。不患莫己知，求爲可知也。"

15. 子曰："參乎！吾道一以貫之。"曾子曰："唯。"子出，門人問曰："何謂也？"曾子曰："夫子之道，忠恕而已矣。"

16. 子曰："君子喻於義，小人喻於利。"

17. 子曰："見賢思齊焉，見不賢而内自省也。"

18. 子曰："事父母幾諫，見志不從，又敬不違，勞而不怨。"

19. 子曰："父母在，不遠遊，遊必有方。"

20. 子曰："三年無改於父之道，可謂孝矣。"

21. 子曰："父母之年，不可不知也。一則以喜，一則以懼。"

22. 子曰："古者言之不出，恥躬之不逮也。"

23. 子曰："以約失之者鮮矣！"

24. 子曰："君子欲訥於言，而敏於行。"

25. 子曰："德不孤，必有鄰。"

26. 子游曰："事君數，斯辱矣；朋友數，斯疏矣。"

公冶長第五

1. 子謂公冶長，"可妻也。雖在縲紲之中，非其罪也"。以其子妻之。

2. 子謂南容，"邦有道，不廢；邦無道，免於刑戮"。以其兄之子妻之。

3. 子謂子賤，“君子哉若人！魯無君子者，斯焉取斯？”

4. 子貢問曰：“賜也何如？”子曰：“女，器也。”曰：“何器也？”曰：“瑚璉也。”

5. 或曰：“雍也仁而不佞。”子曰：“焉用佞？禦人以口給，屢憎於人。不知其仁，焉用佞？”

6. 子使漆雕開仕。對曰：“吾斯之未能信。”子說。

7. 子曰：“道不行，乘桴浮于海。從我者，其由與？”子路聞之喜。子曰：“由也好勇過我，無所取材。”

8. 孟武伯問：“子路仁乎？”子曰：“不知也。”又問。子曰：“由也，千乘之國，可使治其賦也，不知其仁也。”“求也何如？”子曰：“求也，千室之邑，百乘之家，可使爲之宰也，不知其仁也。”“赤也何如？”子曰：“赤也，束帶立於朝，可使與賓客言也，不知其仁也。”

9. 子謂子貢曰：“女與回也孰愈？”對曰：“賜也何敢望回？回也聞一以知十，賜也聞一以知二。”子曰：“弗如也；吾與女弗如也。”

10. 宰予晝寢。子曰：“朽木不可雕也，糞土之牆不可杇也；於予與何誅？”子曰：“始吾於人也，聽其言而信其行；今吾於人也，聽其言而觀其行。於予與改是。”*

11. 子曰：“吾未見剛者。”或對曰：“申棖。”子曰：“棖也慾，焉得剛？”

12. 子貢曰：“我不欲人之加諸我也，吾亦欲無加諸人。”子曰：“賜也，非爾所及也。”

13. 子貢曰：“夫子之文章，可得而聞也；夫子之言性與天道，不可得而聞也。”

14. 子路有聞，未之能行，唯恐有聞。

15. 子貢問曰：“孔文子何以謂之‘文’也？”子曰：“敏而好學，不恥下問，是以謂之‘文’也。”

16. 子謂子產，“有君子之道四焉：其行己也恭，其事上也敬，其養民也惠，其使民也義”。

17. 子曰：“晏平仲善與人交，久而敬之。”

18. 子曰：“臧文仲居蔡，山節藻梲，何如其知也？”

19. 子張問曰：“令尹子文三仕爲令尹，無喜色；三已之，無慍色。舊令尹之政，必以告新令尹。何如？”子曰：“忠矣。”曰：“仁矣乎？”曰：“未知。焉得仁？”“崔子弒齊君，陳文子有馬十乘，棄而違之。至於他邦，則曰：‘猶吾大夫崔子也。’違之。之一邦，則又曰：‘猶吾大夫崔子也。’違之。何如？”子曰：“清矣。”曰：“仁矣乎？”曰：“未知。焉得仁？”

20. 季文子三思而後行。子聞之，曰：“再，斯可矣。”

21. 子曰：“寧武子，邦有道，則知；邦無道，則愚。其知可及也，其愚不可及也。”

22. 子在陳，曰：“歸與！歸與！吾黨之小子狂簡，斐然成章，不知所以裁之。”

23. 子曰：“伯夷、叔齊不念舊惡，怨是用希。”

24. 子曰：“孰謂微生高直？或乞醯焉，乞諸其鄰而與之。”

25. 子曰：“巧言、令色、足恭，左丘明恥之，丘亦恥之。匿怨而友其人，左丘明恥之，丘亦恥之。”

26. 顏淵季路侍。子曰：“盍各言爾志？”子路曰：“願車馬衣輕裘，與朋友共，敝之而無憾。”顏淵曰：“願無伐善，無施勞。”子路曰：“願聞子之志。”子曰：“老者安之，朋友信之，少者懷之。”

27. 子曰：“已矣乎！吾未見能見其過而內自訟者也。”

28. 子曰：“十室之邑，必有忠信如丘者焉，不如丘之好學也。”

雍也第六

1. 子曰：“雍也可使南面。”

2. 仲弓問子桑伯子。子曰：“可也。”仲弓曰：“居敬而行，以臨其民，不亦可乎？居而行，無乃大乎？”子曰：“雍之言然。”

3. 哀公問：“弟子孰爲好學？”孔子對曰：“有顏回者好學，不遷怒，不貳過。不幸短命死矣，今也則亡，未聞好學者也。”

4. 子華使於齊，冉子爲其母請粟。子曰：“與之釜。”請益。曰：“與之庾。”冉子與之粟五秉。子曰：“赤之適齊也，乘肥馬，衣輕裘。吾聞之也：君子周急不繼富。”

5. 原思爲之宰，與之粟九百，辭。子曰：“毋，以與爾鄰里鄉黨乎！”

6. 子謂仲弓，曰：“犁牛之子騂且角，雖欲勿用，山川其舍諸？”

7. 子曰：“回也，其心三月不違仁，其餘則日月至焉而已矣。”

8. 季康子問：“仲由可使從政也與？”子曰：“由也果，於從政乎何有？”曰：“賜也可使從政也與？”曰：“賜也達，於從政乎何有？”曰：“求也可使從政也與？”曰：“求也藝，於從政乎何有？”

9. 季氏使閔子騫爲費宰。閔子騫曰：“善爲我辭焉！如有復我者，則吾必在汶上矣。”

10. 伯牛有疾，子問之，自牖執其手，曰：“亡之，命矣夫！斯人也而有斯疾也！斯人也而有斯疾也！”

11. 子曰：“賢哉，回也！一簞食，一瓢飲，在陋巷，人不堪其憂，回也不改其樂。賢哉，回也！”

12. 冉求曰：“非不說子之道，力不足也。”子曰：“力不足者，中道而廢。今女畫。”

13. 子謂子夏曰：“女爲君子儒！無爲小人儒！”

14. 子游爲武城宰。子曰：“女得人焉耳乎？”曰：“有澹臺滅明者，行不由徑，非公事，未嘗至於偃之室也。”

15. 子曰：“孟之反不伐，奔而殿，將入門，策其馬，曰：‘非敢後也，馬不進也。’”

16. 子曰：“不有祝鮀之佞，而有宋朝之美，難乎免於今之世矣。”

17. 子曰：“誰能出不由戶？何莫由斯道也？”

18. 子曰：“質勝文則野，文勝質則史。文質彬彬，然後君子。”

19. 子曰：“人之生也直，罔之生也幸而免。”

20. 子曰：“知之者，不如好之者；好之者，不如樂之者。”

21. 子曰：“中人以上，可以語上也；中人以下，不可以語上也。”

22. 樊遲問知。子曰：“務民之義，敬鬼神而遠之，可謂知矣。”問仁。曰：“仁者先難而後獲，可謂仁矣。”

23. 子曰：“知者樂水，仁者樂山。知者動，仁者靜。知者樂，仁者壽。”

24. 子曰：“齊一變，至於魯；魯一變，至於道。”

25. 子曰：“觚不觚，觚哉！觚哉！”

26. 宰我問曰："仁者，雖告之曰，'井有仁焉'。其從之也？" 子曰："何爲其然也？君子可逝也，不可陷也；可欺也，不可罔也。"

27. 子曰："君子博學於文，約之以禮，亦可以弗畔矣夫！"

28. 子見南子，子路不說。夫子矢之曰："予所否者，天厭之！天厭之！"

29. 子曰："中庸之爲德也，其至矣乎！民鮮久矣。"

30. 子貢曰："如有博施於民而能濟衆，何如？可謂仁乎？" 子曰："何事於仁，必也聖乎！堯、舜其猶病諸。夫仁者，己欲立而立人，己欲達而達人。能近取譬，可謂仁之方也已。"

述而第七

1. 子曰："述而不作，信而好古，竊比於我老彭。"

2. 子曰："默而識之，學而不厭，誨人不倦，何有於我哉？"

3. 子曰："德之不修，學之不講，聞義不能徙，不善不能改，是吾憂也。"

4. 子之燕居，申申如也，夭夭如也。

5. 子曰："甚矣吾衰也！久矣吾不復夢見周公。"

6. 子曰："志於道，據於德，依於仁，於藝。"

7. 子曰："自行束脩*以上，吾未嘗無誨焉。"

8. 子曰："不憤不啓，不悱不發。舉一隅不以三隅反，則不復也。"

9. 子食於有喪者之側，未嘗飽也。

---

* "束脩"，刘宝楠《论语正义》写作"束修"。

10. 子於是日哭，則不歌。

11. 子謂顔淵曰："用之則行，舍之則藏，唯我與爾有是夫。"子路曰："子行三軍，則誰與？"子曰："暴虎馮河，死而无悔者，吾不與也。必也臨事而懼，好謀而成者也。"

12. 子曰："富而可求也，雖執鞭之士，吾亦爲之。如不可求，從吾所好。"

13. 子之所慎：齊、戰、疾。

14. 子在齊聞《韶》，三月不知肉味，曰："不圖爲樂之至於斯也。"

15. 冉有曰："夫子爲衛君乎？"子貢曰："諾，吾將問之。"入，曰："伯夷、叔齊何人也？"曰："古之賢人也。"曰："怨乎？"曰："求仁而得仁，又何怨？"出，曰："夫子不爲也。"

16. 子曰："飯疏食飲水，曲肱而枕之，樂亦在其中矣。不義而富且貴，於我如浮雲。"

17. 子曰："加我數年，五十以學《易》，可以無大過矣。"

18. 子所雅言，《詩》《書》、執禮，皆雅言也。

19. 葉公問孔子於子路，子路不對。子曰："女奚不曰，其爲人也，發憤忘食，樂以忘憂，不知老之將至云爾。"

20. 子曰："我非生而知之者，好古，敏以求之者也。"

21. 子不語怪，力，亂，神。

22. 子曰："三人行，必有我師焉，擇其善者而從之，其不善者而改之。"

23. 子曰："天生德於予，桓魋其如予何？"

24. 子曰："二三子以我爲隱乎？吾無隱乎爾。吾無行而不與二三子者，是丘也。”

25. 子以四教：文，行，忠，信。

26. 子曰：“聖人，吾不得而見之矣；得見君子者，斯可矣。”子曰：“善人，吾不得而見之矣；得見有恒者，斯可矣。亡而爲有，虛而爲盈，約而爲泰，難乎有恒矣。”

27. 子釣而不綱，弋不射宿。

28. 子曰：“蓋有不知而作之者，我無是也。多聞，擇其善者而從之；多見而識之；知之次也。”

29. 互鄉難與言，童子見，門人惑。子曰：“與其進也，不與其退也，唯何甚？人潔己以進，與其潔也，不保其往也。”

30. 子曰：“仁遠乎哉？我欲仁，斯仁至矣。”

31. 陳司敗問昭公知禮乎，孔子曰：“知禮。”孔子退，揖巫馬期而進之，曰：“吾聞君子不黨，君子亦黨乎？君取於吴，爲同姓，謂之吴孟子。君而知禮，孰不知禮？”巫馬期以告。子曰：“丘也幸，苟有過，人必知之。”

32. 子與人歌而善，必使反之，而後和之。

33. 子曰：“文莫吾猶人也。躬行君子，則吾未之有得。”

34. 子曰：“若聖與仁，則吾豈敢？抑爲之不厭，誨人不倦，則可謂云爾已矣。”公西華曰：“正唯弟子不能學也。”

35. 子疾病，子路請禱。子曰：“有諸？”子路對曰：“有之。《誄》曰：‘禱爾于上下神祇。’”子曰：“丘之禱久矣。”

36. 子曰：“奢則不孫，儉則固。與其不孫也，寧固。”

37. 子曰：“君子坦蕩蕩，小人長戚戚。”

38. 子温而厲，威而不猛，恭而安。

泰伯第八

1. 子曰："泰伯，其可謂至德也已矣。三以天下讓，民無得而稱焉。"

2. 子曰："恭而無禮則勞，慎而無禮則葸，勇而無禮則亂，直而無禮則絞。君子篤於親，則民興於仁；故舊不遺，則民不偷。"

3. 曾子有疾，召門弟子曰："啟予足！啟予手！《詩》云：'戰戰兢兢，如臨深淵，如履薄冰。'而今而後，吾知免夫！小子！"

4. 曾子有疾，孟敬子問之。曾子言曰："鳥之將死，其鳴也哀；人之將死，其言也善。君子所貴乎道者三：動容貌，斯遠暴慢矣；正顏色，斯近信矣；出辭氣，斯遠鄙倍矣。籩豆之事，則有司存。"

5. 曾子曰："以能問於不能，以多問於寡；有若無，實若虛，犯而不校：昔者吾友嘗從事於斯矣。"

6. 曾子曰："可以託六尺之孤，可以寄百里之命，臨大節而不可奪也。君子人與？君子人也。"

7. 曾子曰："士不可以不弘毅，任重而道遠。仁以爲己任，不亦重乎？死而後已，不亦遠乎？"

8. 子曰："興於《詩》，立於禮，成於樂。"

9. 子曰："民可使由之，不可使知之。"

10. 子曰："好勇疾貧，亂也。人而不仁，疾之已甚，亂也。"

11. 子曰："如有周公之才之美，使驕且吝，其餘不足觀也已。"

12. 子曰："三年學，不至於穀，不易得也。"

13. 子曰："篤信好學，守死善道。危邦不入，亂邦不居。天下有道則見，無道則隱。邦有道，貧且賤焉，恥也；邦無道，富且貴焉，恥也。”

14. 子曰：“不在其位，不謀其政。”

15. 子曰：“師摯之始，《關雎》之亂，洋洋乎盈耳哉！”

16. 子曰：“狂而不直，侗而不愿，悾悾而不信，吾不知之矣。”

17. 子曰：“學如不及，猶恐失之。”

18. 子曰：“巍巍乎，舜、禹之有天下也，而不與焉！”

19. 子曰：“大哉！堯之爲君也。巍巍乎！唯天爲大，唯堯則之。蕩蕩乎！民無能名焉。巍巍乎！其有成功也。煥乎！其有文章。”

20. 舜有臣五人而天下治。武王曰：“予有亂臣十人。”* 孔子曰：“才難，不其然乎？唐、虞之際，於斯爲盛。有婦人焉，九人而已。三分天下有其二，以服事殷。周之德，其可謂至德也已矣。”

21. 子曰：“禹，吾無然矣。菲飲食，而致孝乎鬼神；惡衣服，而致美乎黻冕；卑宫室，而盡力乎溝洫。禹，吾無然矣。”

子罕第九

1. 子罕言利與命與仁。

2. 達巷黨人曰：“大哉孔子！博學而無所成名。”子聞之，謂門弟子曰：“吾何執？執御乎？執射乎？吾執御矣。”

3. 子曰：“麻冕，禮也；今也純，儉，吾從衆。拜下，禮也；今拜乎上，泰也。雖違衆，吾從下。”

---

* “予有乱臣十人”刘宝楠《论语正义》写作“予有乱十人”。

4. 子絕四：毋意，毋必，毋固，毋我。

5. 子畏於匡，曰："文王既沒，文不在兹乎？天之將喪斯文也，後死者不得與於斯文也；天之未喪斯文也，匡人其如予何？"

6. 太宰問於子貢曰："夫子聖者與？何其多能也？"子貢曰："固天縱之將聖，又多能也。"子聞之曰："太宰知我乎？吾少也賤，故多能鄙事。君子多乎哉？不多也。"

7. 牢曰："子云：'吾不試，故藝。'"

8. 子曰："吾有知乎哉？無知也。有鄙夫問於我，空空如也。我叩其兩端而竭焉。"

9. 子曰："鳳鳥不至，河不出圖，吾已矣夫！"

10. 子見齊衰者、冕衣裳者與瞽者，見之，雖少，必作；過之，必趨。

11. 顏淵喟然歎曰："仰之彌高，鑽之彌堅。瞻之在前，忽焉在後。夫子循循然善誘人，博我以文，約我以禮，欲罷不能。既竭吾才，如有所立卓爾。雖欲從之，末由也已。"

12. 子疾病，子路使門人爲臣。病，曰："久矣哉，由之行詐也！無臣而爲有臣，吾誰欺？欺天乎？且予與其死於臣之手也，無寧死於二三子之手乎！且予縱不得大葬，予死於道路乎？"

13. 子貢曰："有美玉於斯，韞匵而藏諸？求善賈而沽諸？"子曰："沽之哉！沽之哉！我待賈者也。"

14. 子欲居九夷。或曰："陋，如之何？"子曰："君子居之，何陋之有？"

15. 子曰："吾自衛反魯，然後樂正，《雅》《頌》各得其所。"

16. 子曰：“出則事公卿，入則事父兄，喪事不敢不勉，不爲酒困，何有於我哉？”

17. 子在川上曰：“逝者如斯夫！不舍晝夜。”

18. 子曰：“吾未見好德如好色者也。”

19. 子曰：“譬如爲山，未成一簣，止，吾止也。譬如平地，雖覆一簣，進，吾往也。”

20. 子曰：“語之而不惰者，其回也與？”

21. 子謂顏淵曰：“惜乎！吾見其進也，未見其止也。”

22. 子曰：“苗而不秀者有矣夫！秀而不實者有矣夫！”

23. 子曰：“後生可畏，焉知來者之不如今也？四十、五十而無聞焉，斯亦不足畏也已！”

24. 子曰：“法語之言，能無從乎？改之爲貴。巽與之言，能無說乎？繹之爲貴！說而不繹，從而不改，吾末如之何也已矣。”

25. 子曰：“主忠信，毋*友不如己者，過則勿憚改。”

26. 子曰：“三軍可奪帥也，匹夫不可奪志也。”

27. 子曰：“衣敝緼袍，與衣狐貉者立，而不恥者，其由也與？‘不忮不求，何用不臧？’”子路終身誦之。子曰：“是道也，何足以臧？”

28. 子曰：“歲寒，然後知松柏之後彫也。”

29. 子曰：“知者不惑，仁者不憂，勇者不懼。”

30. 子曰：“可與共學，未可與適道；可與適道，未可與立；可與立，未可與權。”

---

* “毋”，刘宝楠《论语正义》写作“无”。

31.“唐棣之華，偏其反而，豈不爾思？室是遠而。”子曰：“未之思也，夫何遠之有？”

鄉黨第十

1. 孔子於鄉黨，恂恂如也，似不能言者。其在宗廟朝廷，便便言，唯謹爾。

2. 朝，與下大夫言，侃侃如也；與上大夫言，誾誾如也。君在，踧踖如也，與與如也。

3. 君召使擯，色勃如也，足躩如也。揖所與立，左右手，衣前後，襜如也。趨進，翼如也。賓退，必復命曰：“賓不顧矣。”

4. 入公門，鞠躬如也，如不容。立不中門，行不履閾。過位，色勃如也，足躩如也，其言似不足者。攝齊升堂，鞠躬如也，屏氣似不息者。出，降一等，逞顏色，怡怡如也。沒階，趨進，翼如也。復其位，踧踖如也。

5. 執圭，鞠躬如也，如不勝。上如揖，下如授。勃如戰色，足縮縮如有循。享禮，有容色。私覿，愉愉如也。

6. 君子不以紺緅飾，紅紫不以爲褻服。當暑，袗絺綌，必表而出之。緇衣，羔裘；素衣，麑裘；黄衣，狐裘。褻裘長，短右袂。必有寢衣，長一身有半。狐貉之厚以居。去喪，無所不佩。非帷裳，必殺之。羔裘玄冠，不以弔。吉月，必朝服而朝。

7. 齊，必有明衣，布。齊，必變食，居必遷坐。

8. 食不厭精，膾不厭細。食饐而餲，魚餒而肉敗，不食。色惡，不食。臭惡，不食。失飪，不食。不時，不食。割不正，不食。

不得其醬，不食。肉雖多，不使勝食氣。唯酒無量，不及亂。沽酒市脯，不食。不撤薑食，不多食。

9. 祭於公，不宿肉。祭肉不出三日。出三日，不食之矣。

10. 食不語，寢不言。

11. 雖疏食菜羹，瓜祭，必齊如也。

12. 席不正，不坐。

13. 鄉人飲酒，杖者出，斯出矣。

14. 鄉人儺，朝服而立於阼階。

15. 問人於他邦，再拜而送之。

16. 康子饋藥，拜而受之。曰："丘未達，不敢嘗。"

17. 廄焚。子退朝，曰："傷人乎？"不問馬。

18. 君賜食，必正席，先嘗之。君賜腥，必熟而薦之。君賜生，必畜之。侍食於君，君祭，先飯。

19. 疾，君視之，東首，加朝服，拖紳。

20. 君命召，不俟駕行矣。

21. 入太廟，每事問。

22. 朋友死，無所歸，曰："於我殯。"

23. 朋友之饋，雖車馬，非祭肉，不拜。

24. 寢不尸，居不客*。

25. 見齊衰者，雖狎必變。見冕者與瞽者，雖褻必以貌。兇服者式之，式負版者。有盛饌，必變色而作。迅雷風烈必變。

26. 升車，必正立，執綏。車中，不内顧，不疾言，不親指。

---

* "客"，刘宝楠《论语正义》写作"容"。

27. 色斯舉矣，翔而後集。曰："山梁雌雉，時哉時哉！"子路共之，三嗅而作。

先進第十一

1. 子曰："先進於禮樂，野人也；後進於禮樂，君子也。如用之，則吾從先進。"

2. 子曰："從我於陳、蔡者，皆不及門也。"

3. 德行：顔淵，閔子騫，冉伯牛，仲弓。言語：宰我，子貢。政事：冉有，季路。文學：子游，子夏。

4. 子曰："回也非助我者也，於吾言無所不說。"

5. 子曰："孝哉閔子騫！人不間於其父母、昆弟之言。"

6. 南容三復白圭，孔子以其兄之子妻之。

7. 季康子問："弟子孰爲好學？"孔子對曰："有顔回者好學，不幸短命死矣，今也則亡。"

8. 顔淵死，顔路請子之車以爲之椁。子曰："才不才，亦各言其子也。鯉也死，有棺而無椁。吾不徒行以爲之椁，以吾從大夫之後，不可徒行也。"

9. 顔淵死，子曰："噫！天喪予！天喪予！"

10. 顔淵死，子哭之慟。從者曰："子慟矣！"曰："有慟乎？非夫人之爲慟而誰爲？"

11. 顔淵死，門人欲厚葬之。子曰："不可。"門人厚葬之。子曰："回也視予猶父也，予不得視猶子也，非我也，夫二三子也。"

12. 季路問事鬼神。子曰："未能事人，焉能事鬼？""敢問死？”曰：“未知生，焉知死？”

13. 閔子侍側，誾誾如也；子路，行行如也；冉有、子貢，侃侃如也。子樂。“若由也，不得其死然。”

14. 魯人爲長府。閔子騫曰：“仍舊貫，如之何？何必改作？”子曰：“夫人不言，言必有中。”

15. 子曰：“由之瑟奚爲於丘之門？”門人不敬子路。子曰：“由也升堂矣，未入於室也。”

16. 子貢問：“師與商也孰賢？”子曰：“師也過，商也不及。”曰：“然則師愈與？”子曰：“過猶不及。”

17. 季氏富於周公，而求也爲之聚斂，而附益之。子曰：“非吾徒也，小子鳴鼓而攻之，可也。”

18. 柴也愚，參也魯，師也辟，由也喭。

19. 子曰：“回也其庶乎，屢空。賜不受命，而貨殖焉，億則屢中。”

20. 子張問善人之道。子曰：“不踐迹，亦不入於室。”

21. 子曰：“論篤是與？君子者乎？色莊者乎？”

22. 子路問：“聞斯行諸？”子曰：“有父兄在，如之何其聞斯行之？”冉有問：“聞斯行諸？”子曰：“聞斯行之。”公西華曰：“由也問‘聞斯行諸’，子曰‘有父兄在’；求也問‘聞斯行諸’，子曰‘聞斯行之’。赤也惑，敢問。”子曰：“求也退，故進之；由也兼人，故退之。”

23. 子畏於匡，顏淵後。子曰：“吾以女爲死矣。”曰：“子在，回何敢死？”

24. 季子然問：“仲由、冉求可謂大臣與？”子曰：“吾以子爲異之問，曾由與求之問。所謂大臣者，以道事君，不可則止。今由與求也，可謂具臣矣。”曰：“然則從之者與？”子曰：“弑父與君，亦不從也。”

25. 子路使子羔爲費宰。子曰：“賊夫人之子。”子路曰：“有民人焉，有社稷焉，何必讀書，然後爲學？”子曰：“是故惡夫佞者。”

26. 子路、曾皙、冉有、公西華侍坐。子曰：“以吾一日長乎爾，毋吾以也。居則曰：‘不吾知也！’如或知爾，則何以哉？”子路率爾而對曰：“千乘之國，攝乎大國之間，加之以師旅，因之以饑饉。由也爲之，比及三年，可使有勇，且知方也。”夫子哂之。“求！爾何如？”對曰：“方六七十，如五六十，求也爲之，比及三年，可使足民。如其禮樂，以俟君子。”“赤！爾何如？”對曰：“非曰能之，願學焉。宗廟之事，如會同，端章甫，願爲小相焉。”“點！爾何如？”鼓瑟希，鏗爾，舍瑟而作，對曰：“異乎三子者之撰。”子曰：“何傷乎？亦各言其志也。”曰：“莫春者，春服既成，冠者五六人，童子六七人，浴乎沂，風乎舞雩，詠而歸。”夫子喟然歎曰：“吾與點也。”三子者出，曾皙後。曾皙曰：“夫三子者之言何如？”子曰：“亦各言其志也已矣。”曰：“夫子何哂由也？”曰：“爲國以禮，其言不讓，是故哂之。”“唯求則非邦也與？”“安見方六七十如五六十，而非邦也者？”“唯赤非邦也與？”“宗廟會同，非諸侯而何？赤也爲之小，孰能爲之大？”

顏淵第十二

1. 顏淵問仁。子曰：“克己復禮爲仁。一日克己復禮，天下歸仁焉。爲仁由己，而由人乎哉？”顏淵曰：“請問其目？”子曰：

“非禮勿視，非禮勿聽，非禮勿言，非禮勿動。”顔淵曰：“回雖不敏，請事斯語矣。”

2. 仲弓問仁。子曰：“出門如見大賓，使民如承大祭。己所不欲，勿施於人。在邦無怨，在家無怨。”仲弓曰：“雍雖不敏，請事斯語矣。”

3. 司馬牛問仁。子曰：“仁者，其言也訒。”曰：“其言也訒，斯謂之仁已乎？”子曰：“爲之難，言之得無訒乎？”

4. 司馬牛問君子。子曰：“君子不憂不懼。”曰：“不憂不懼，斯謂之君子已乎？”子曰：“內省不疚，夫何憂何懼？”

5. 司馬牛憂曰：“人皆有兄弟，我獨亡*！”子夏曰：“商聞之矣：死生有命，富貴在天。君子敬而無失，與人恭而有禮，四海之內，皆兄弟也。君子何患乎無兄弟也？”

6. 子張問明。子曰：“浸潤之譖，膚受之愬，不行焉，可謂明也已矣。浸潤之譖，膚受之愬，不行焉，可謂遠也已矣。”

7. 子貢問政。子曰：“足食，足兵，民信之矣。”子貢曰：“必不得已而去，於斯三者何先？”曰：“去兵。”子貢曰：“必不得已而去，於斯二者何先？”曰：“去食。自古皆有死，民無信不立。”

8. 棘子成曰：“君子質而已矣，何以文爲？”子貢曰：“惜乎！夫子之說君子也，駟不及舌！文猶質也，質猶文也。虎豹之鞟，猶犬羊之鞟。”

9. 哀公問於有若曰：“年饑，用不足，如之何？”有若對曰：“盍徹乎？”曰：“二，吾猶不足，如之何其徹也？”對曰：“百

---

* “亡”，刘宝楠《论语正义》写作“无”。

姓足，君孰與不足？百姓不足，君孰與足？”

10. 子張問崇德辨惑。子曰：“主忠信，徙義，崇德也。愛之欲其生，惡之欲其死。既欲其生，又欲其死，是惑也。‘誠不以富，亦衹以異。’”

11. 齊景公問政於孔子。孔子對曰：“君君，臣臣，父父，子子。”公曰：“善哉！信如君不君，臣不臣，父不父，子不子，雖有粟，吾得而食諸？”

12. 子曰：“片言可以折獄者，其由也與！”子路無宿諾。

13. 子曰：“聽訟，吾猶人也。必也使無訟乎！”

14. 子張問政。子曰：“居之無倦，行之以忠。”

15. 子曰：“博學於文，約之以禮，亦可以弗畔矣夫！”

16. 子曰：“君子成人之美，不成人之惡。小人反是。”

17. 季康子問政於孔子。孔子對曰：“政者，正也。子帥以正，孰敢不正？”

18. 季康子患盜，問於孔子。孔子對曰：“苟子之不欲，雖賞之不竊。”

19. 季康子問政於孔子曰：“如殺無道，以就有道，何如？”孔子對曰：“子爲政，焉用殺？子欲善而民善矣。君子之德風，小人之德草，草上之風，必偃。”

20. 子張問：“士何如斯可謂之達矣？”子曰：“何哉，爾所謂達者？”子張對曰：“在邦必聞，在家必聞。”子曰：“是聞也，非達也。夫達也者，質直而好義，察言而觀色，慮以下人。在邦必達，在家必達。夫聞也者，色取仁而行違，居之不疑。在邦必聞，在家必聞。”

21. 樊遲從遊於舞雩之下，曰：“敢問崇德，修慝，辨惑。”子曰：“善哉問！先事後得，非崇德與？攻其惡，無攻人之惡，非修慝與？一朝之忿，忘其身，以及其親，非惑與？”

22. 樊遲問仁。子曰：“愛人。”問知。子曰：“知人。”樊遲未達。子曰：“舉直錯諸枉，能使枉者直。”樊遲退，見子夏曰：“鄉也吾見於夫子而問知，子曰：‘舉直錯諸枉，能使枉者直。’何謂也？”子夏曰：“富哉言乎！舜有天下，選於衆，舉皋陶，不仁者遠矣。湯有天下，選於衆，舉伊尹，不仁者遠矣。”

23. 子貢問友。子曰：“忠告而善道之，不可則止，毋自辱焉。”

24. 曾子曰：“君子以文會友，以友輔仁。”

子路第十三

1. 子路問政。子曰：“先之勞之。”請益。曰：“無倦。”

2. 仲弓爲季氏宰，問政。子曰：“先有司，赦小過，舉賢才。”曰：“焉知賢才而舉之？”曰：“舉爾所知。爾所不知，人其舍諸？”

3. 子路曰：“衛君待子而爲政，子將奚先？”子曰：“必也正名乎！”子路曰：“有是哉，子之迂也！奚其正？”子曰：“野哉由也！君子於其所不知，蓋闕如也。名不正，則言不順；言不順，則事不成；事不成，則禮樂不興；禮樂不興，則刑罰不中；刑罰不中，則民無所措手足。故君子名之必可言也，言之必可行也。君子於其言，無所苟而已矣。”

4. 樊遲請學稼。子曰：“吾不如老農。”請學爲圃。曰：“吾不如老圃。”

樊遲出。子曰："小人哉，樊須也！上好禮，則民莫敢不敬；上好義，則民莫敢不服；上好信，則民莫敢不用情。夫如是，則四方之民，襁負其子而至矣，焉用稼！"

5. 子曰："誦詩三百，授之以政，不達；使於四方，不能專對；雖多，亦奚以爲？"

6. 子曰："其身正，不令而行；其身不正，雖令不從。"

7. 子曰："魯、衛之政，兄弟也。"

8. 子謂衛公子荆，"善居室。始有，曰：'苟合矣。'少有，曰：'苟完矣。'富有，曰：'苟美矣。'"

9. 子適衛，冉有僕。子曰："庶矣哉！"冉有曰："既庶矣，又何加焉？"曰："富之。"曰："既富矣，又何加焉？"曰："教之。"

10. 子曰："苟有用我者，期月而已可也，三年有成。"

11. 子曰："'善人爲邦百年，亦可以勝殘去殺矣。'誠哉是言也。"

12. 子曰："如有王者，必世而後仁。"

13. 子曰："苟正其身矣，於從政乎何有？不能正其身，如正人何？"

14. 冉子退朝。子曰："何晏也？"對曰："有政。"子曰："其事也。如有政，雖不吾以，吾其與聞之。"

15. 定公問："一言而可以興邦，有諸？"孔子對曰："言不可以若是，其幾也。人之言曰：'爲君難，爲臣不易。'如知爲君之難也，不幾乎一言而興邦乎？"曰："一言而喪邦，有諸？"孔子對曰："言不可以若是，其幾也。人之言曰：'予無樂乎爲君，唯其言而莫予違也。'如其善而莫之違也，不亦善乎？如不善而莫之違也，不幾乎一言而喪邦乎？"

16. 葉公問政。子曰："近者說，遠者來。"

17. 子夏爲莒父宰，問政。子曰："無欲速，無見小利。欲速，則不達；見小利，則大事不成。"

18. 葉公語孔子曰："吾黨有直躬者，其父攘羊，而子證之。"孔子曰："吾黨之直者異於是：父爲子隱，子爲父隱。直在其中矣。"

19. 樊遲問仁。子曰："居處恭，執事敬，與人忠。雖之夷狄，不可棄也。"

20. 子貢問曰："何如斯可謂之士矣？"子曰："行己有恥，使於四方，不辱君命，可謂士矣。"曰："敢問其次？"曰："宗族稱孝焉，鄉黨稱弟焉。"曰："敢問其次？"曰："言必信，行必果，硜硜然小人哉！抑亦可以爲次矣。"曰："今之從政者何如？"子曰："噫！斗筲之人，何足算也？"

21. 子曰："不得中行而與之，必也狂狷乎！狂者進取，狷者有所不爲也。"

22. 子曰："南人有言曰：'人而無恒，不可以作巫醫。'善夫！'不恒其德，或承之羞。'"子曰："不占而已矣。"

23. 子曰："君子和而不同，小人同而不和。"

24. 子貢問曰："鄉人皆好之，何如？"子曰："未可也。""鄉人皆惡之，何如？"子曰："未可也。不如鄉人之善者好之，其不善者惡之。"

25. 子曰："君子易事而難說也。說之不以道，不說也；及其使人也，器之。小人難事而易說也。說之雖不以道，說也；及其使人也，求備焉。"

26. 子曰："君子泰而不驕，小人驕而不泰。"

27. 子曰："剛、毅、木、訥近仁。"

28. 子路問曰："何如斯可謂之士矣？"子曰："切切偲偲，怡怡如也，可謂士矣。朋友切切偲偲，兄弟怡怡。"

29. 子曰："善人教民七年，亦可以卽戎矣。"

30. 子曰："以不教民戰，是謂棄之。"

憲問第十四

1. 憲問恥。子曰："邦有道，穀；邦無道，穀，恥也。""克、伐、怨、欲不行焉，可以爲仁矣？"子曰："可以爲難矣，仁則吾不知也。"

2. 子曰："士而懷居，不足以爲士矣。"

3. 子曰："邦有道，危言危行；邦無道，危行言孫。"

4. 子曰："有德者必有言，有言者不必有德。仁者必有勇，勇者不必有仁。"

5. 南宫适問於孔子曰："羿善射，奡盪舟，俱不得其死然。禹、稷躬稼而有天下。"夫子不答。南宫适出，子曰："君子哉若人！尚德哉若人！"

6. 子曰："君子而不仁者有矣夫，未有小人而仁者也。"

7. 子曰："愛之，能勿勞乎？忠焉，能勿誨乎？"

8. 子曰："爲命，裨諶草創之，世叔討論之，行人子羽修飾之，東里子產潤色之。"

9. 或問子產。子曰："惠人也。"問子西。曰："彼哉！彼哉！"問管仲。曰："人也。奪伯氏駢邑三百，飯疏食，沒齒無怨言。"

10. 子曰：“貧而無怨，難；富而無驕，易。”

11. 子曰：“孟公綽爲趙、魏老則優，不可以爲滕、薛大夫。”

12. 子路問成人。子曰：“若臧武仲之知，公綽之不欲，卞莊子之勇，冉求之藝，文之以禮樂，亦可以爲成人矣。”曰：“今之成人者何必然？見利思義，見危授命，久要不忘平生之言，亦可以爲成人矣。”

13. 子問公叔文子於公明賈曰：“信乎，夫子不言，不笑，不取乎？”公明賈對曰：“以告者過也。夫子時然後言，人不厭其言；樂然後笑，人不厭其笑；義然後取，人不厭其取。”子曰：“其然？豈其然乎？”

14. 子曰：“臧武仲以防求爲後於魯，雖曰不要君，吾不信也。”

15. 子曰：“晉文公譎而不正，齊桓公正而不譎。”

16. 子路曰：“桓公殺公子糾，召忽死之，管仲不死。”曰：“未仁乎？”子曰：“桓公九合諸侯，不以兵車，管仲之力也。如其仁，如其仁。”

17. 子貢曰：“管仲非仁者與？桓公殺公子糾，不能死，又相之。”子曰：“管仲相桓公，霸諸侯，一匡天下，民到于今受其賜。微管仲，吾其被髮左衽矣！豈若匹夫匹婦之爲諒也，自經於溝瀆而莫之知也？”

18. 公叔文子之臣大夫僎，與文子同升諸公。子聞之曰：“可以爲文矣。”

19. 子言衛靈公之無道也，康子曰：“夫如是，奚而不喪？”孔子曰：“仲叔圉治賓客，祝鮀治宗廟，王孫賈治軍旅。夫如是，奚其喪？”

20. 子曰："其言之不怍，則爲之也難！"

21. 陳成子弑簡公。孔子沐浴而朝，告於哀公曰："陳恒弑其君，請討之。"公曰："告夫三子。"孔子曰："以吾從大夫之後，不敢不告也。君曰：'告夫三子'者。"之三子告，不可。孔子曰："以吾從大夫之後，不敢不告也。"

22. 子路問事君。子曰："勿欺也，而犯之。"

23. 子曰："君子上達，小人下達。"

24. 子曰："古之學者爲己，今之學者爲人。"

25. 蘧伯玉使人於孔子。孔子與之坐而問焉，曰："夫子何爲？"對曰："夫子欲寡其過而未能也。"使者出。子曰："使乎！使乎！"

26. 子曰："不在其位，不謀其政。"曾子曰："君子思不出其位。"

27. 子曰："君子恥其言而過其行。"

28. 子曰："君子道者三，我無能焉：仁者不憂，知者不惑，勇者不懼。"子貢曰："夫子自道也。"

29. 子貢方人。子曰："賜也賢乎哉？夫我則不暇！"

30. 子曰："不患人之不己知，患其不能也。"

31. 子曰："不逆詐，不億不信，抑亦先覺者，是賢乎！"

32. 微生畝謂孔子曰："丘何爲是栖栖者與？無乃爲佞乎？"孔子曰："非敢爲佞也，疾固也。"

33. 子曰："驥不稱其力，稱其德也。"

34. 或曰："以德報怨，何如？"子曰："何以報德？以直報怨，以德報德。"

35. 子曰："莫我知也夫！"子貢曰："何爲其莫知子也？"子曰："不怨天，不尤人，下學而上達，知我者其天乎？"

36. 公伯寮愬子路於季孫。子服景伯以告，曰："夫子固有惑志於公伯寮，吾力猶能肆諸市朝。"子曰："道之將行也與，命也；道之將廢也與，命也。公伯寮其如命何？"

37. 子曰："賢者辟世，其次辟地，其次辟色，其次辟言。"子曰："作者七人矣。"

38. 子路宿於石門。晨門曰："奚自？"子路曰："自孔氏。"曰："是知其不可而爲之者與？"

39. 子擊磬於衛，有荷蕢而過孔氏之門者，曰："有心哉，擊磬乎！"既而曰："鄙哉，硜硜乎！莫己知也，斯己而已矣。'深則厲，淺則揭。'"子曰："果哉！末之難矣。"

40. 子張曰："《書》云：'高宗諒陰，三年不言。'何謂也？"子曰："何必高宗，古之人皆然。君薨，百官總己以聽於冢宰三年。"

41. 子曰："上好禮，則民易使也。"

42. 子路問君子。子曰："修己以敬。"曰："如斯而已乎？"曰："修己以安人。"曰："如斯而已乎？"曰："修己以安百姓。修己以安百姓，堯、舜其猶病諸！"

43. 原壤夷俟。子曰："幼而不孫弟，長而無述焉，老而不死是爲賊。"以杖叩其脛。

44. 闕黨童子將命。或問之曰："益者與？"子曰："吾見其居於位也，見其與先生並行也，非求益者也，欲速成者也。"

衛靈公第十五

1. 衛靈公問陳於孔子。孔子對曰："俎豆之事，則嘗聞之矣；軍旅之事，未之學也。”明日遂行。

2. 在陳絕糧。從者病，莫能興。子路愠見曰：“君子亦有窮乎？”子曰：“君子固窮，小人窮斯濫矣。”

3. 子曰：“賜也，女以予爲多學而識之者與？”對曰：“然，非與？”曰：“非也，予一以貫之。”

4. 子曰：“由！知德者鮮矣。”

5. 子曰：“無爲而治者，其舜也與？夫何爲哉？恭己正南面而已矣。”

6. 子張問行。子曰：“言忠信，行篤敬，雖蠻貊之邦行矣。言不忠信，行不篤敬，雖州里行乎哉？立則見其參於前也，在輿則見其倚於衡也，夫然後行。”子張書諸紳。

7. 子曰：“直哉史魚！邦有道，如矢；邦無道，如矢。君子哉蘧伯玉！邦有道，則仕；邦無道，則可卷而懷之。”

8. 子曰：“可與言而不與之言，失人；不可與言而與之言，失言。知者不失人，亦不失言。”

9. 子曰：“志士仁人，無求生以害仁，有殺身以成仁。”

10. 子貢問爲仁。子曰：“工欲善其事，必先利其器。居是邦也，事其大夫之賢者，友其士之仁者。”

11. 顏淵問爲邦。子曰：“行夏之時，乘殷之輅，服周之冕，樂則《韶》舞，放鄭聲，遠佞人。鄭聲淫，佞人殆。”

12. 子曰：“人無遠慮，必有近憂。”

13. 子曰：“已矣乎！吾未見好德如好色者也。”

14. 子曰：“臧文仲其竊位者與！知柳下惠之賢，而不與立也。”

15. 子曰：“躬自厚而薄責於人，則遠怨矣。”

16. 子曰："不曰'如之何，如之何'者，吾末如之何也已矣。"

17. 子曰："居終日，言不及義，好行小慧，難矣哉！"

18. 子曰："君子義以爲質，禮以行之，孫以出之，信以成之。君子哉！"

19. 子曰："君子病無能焉，不病人之不己知也。"

20. 子曰："君子疾沒世而名不稱焉。"

21. 子曰："君子求諸己，小人求諸人。"

22. 子曰："君子矜而不爭，而不黨。"

23. 子曰："君子不以言舉人，不以人廢言。"

24. 子貢問曰："有一言而可以終身行之者乎？"子曰："其恕乎！己所不欲，勿施於人。"

25. 子曰："吾之於人也，誰毀誰譽？如有所譽者，其有所試矣。斯民也，三代之所以直道而行也。"

26. 子曰："吾猶及史之闕文也。有馬者借人乘之，今亡矣夫！"

27. 子曰："巧言亂德。小不忍，則亂大謀。"

28. 子曰："衆惡之，必察焉；衆好之，必察焉。"

29. 子曰："人能弘道，非道弘人。"

30. 子曰："過而不改，是謂過矣。"

31. 子曰："吾嘗終日不食，終夜不寢，以思，無益，不如學也。"

32. 子曰："君子謀道不謀食。耕也，餒在其中矣；學也，祿在其中矣。君子憂道不憂貧。"

33. 子曰："知及之，仁不能守之；雖得之，必失之。知及之，仁能守之，不莊以之，則民不敬。知及之，仁能守之，莊以之，動之不以禮，未善也。"

34. 子曰："君子不可小知，而可大受也；小人不可大受，而可小知也。"

35. 子曰："民之於仁也，甚於水火。水火，吾見蹈而死者矣，未見蹈仁而死者也。"

36. 子曰："當仁，不讓於師。"

37. 子曰："君子貞而不諒。"

38. 子曰："事君，敬其事而後其食。"

39. 子曰："有教無類。"

40. 子曰："道不同，不相爲謀。"

41. 子曰："辭達而已矣。"

42. 師冕見，及階，子曰："階也。"及席，子曰："席也。"皆坐，子告之曰："某在斯，某在斯。"師冕出。子張問曰："與師言之道與？"子曰："然，固相師之道也。"

季氏第十六

1. 季氏將伐顓臾。冉有、季路見於孔子曰："季氏將有事於顓臾。"孔子曰："求！無乃爾是過與？夫顓臾，昔者先王以爲東蒙主，且在邦域之中矣，是社稷之臣也。何以伐爲？"冉有曰："夫子欲之，吾二臣者，皆不欲也。"孔子曰："求！周任有言曰：'陳力就列，不能者止。'危而不持，顛而不扶，則將焉用彼相矣？且爾言過矣，虎兕出於柙，龜玉毀於櫝中，是誰之過與？"冉有曰："今夫顓臾，固而近於費。今不取，後世必爲子孫憂。"孔子曰："求！君子疾夫舍曰欲之而必爲之辭。丘也聞有國有家者，不患寡而患不均，不患貧而患不安。蓋均無貧，和無寡，安無傾。夫如是，故遠人不服，則修文德以來之。既來之，則安之。今由與求也，相夫子，遠人不服而不能來也。邦分崩離析而不能守也。而謀動干戈於邦內。吾恐季孫之憂，不在顓臾，而在蕭牆之內也。"

2. 孔子曰："天下有道，則禮樂征伐自天子出；天下無道，則禮樂征伐自諸侯出。自諸侯出，蓋十世希不失矣；自大夫出，五世希不失矣；陪臣執國命，三世希不失矣。天下有道，則政不在大夫。天下有道，則庶人不議。"

3. 孔子曰："祿之去公室五世矣；政逮於大夫四世矣。故夫三桓之子孫微矣。"

4. 孔子曰："益者三友，損者三友。友直，友諒，友多聞，益矣。友便辟，友善柔，友便佞，損矣。"

5. 孔子曰："益者三樂，損者三樂。樂節禮樂，樂道人之善，樂多賢友，益矣。樂驕樂，樂佚遊，樂宴樂，損矣。"

6. 孔子曰："侍於君子有三愆：言未及之而言謂之躁，言及之而不言謂之隱，未見顏色而言謂之瞽。"

7. 孔子曰："君子有三戒：少之時，血氣未定，戒之在色；及其壯也，血氣方剛，戒之在鬬；及其老也，血氣既衰，戒之在得。"

8. 孔子曰："君子有三畏：畏天命，畏大人，畏聖人之言。小人不知天命而不畏也，狎大人，侮聖人之言。"

9. 孔子曰："生而知之者上也，學而知之者次也，困而學之，又其次也。困而不學，民斯爲下矣。"

10. 孔子曰："君子有九思：視思明，聽思聰，色思温，貌思恭，言思忠，事思敬，疑思問，忿思難，見得思義。”

11. 孔子曰：“見善如不及，見不善而探湯。吾見其人矣，吾聞其語矣。隱居以求其志，行義以達其道。吾聞其語矣，未見其人也。”

12. 齊景公有馬千駟，死之日，民無德而稱焉。伯夷、叔齊餓于首陽之下，民到于今稱之。其斯之謂與?

13. 陳亢問於伯魚曰：“子亦有異聞乎？”對曰：“未也。嘗獨立，鯉趨而過庭。曰：‘學《詩》乎？’對曰：‘未也。’‘不學《詩》，無以言。’鯉退而學《詩》。他日，又獨立，鯉趨而過庭。曰：‘學禮乎？’對曰：‘未也。’‘不學禮，無以立。’鯉退而學禮。聞斯二者。”陳亢退而喜曰：“問一得三，聞《詩》，聞禮，又聞君子之遠其子也。”

14. 邦君之妻，君稱之曰“夫人”，夫人自稱曰“小童”。邦人稱之曰“君夫人”；稱諸異邦曰“寡小君”。異邦人稱之亦曰“君夫人”。

陽貨第十七

1. 陽貨欲見孔子，孔子不見，歸孔子豚。孔子時其亡也，而往拜之。遇諸塗。謂孔子曰：“來！予與爾言。”曰：“懷其寶而迷其邦，可謂仁乎？”曰：“不可。”“好從事而亟失時，可謂知乎？”曰：“不可。”“日月逝矣，歲不我與。”孔子曰：“諾。吾將仕矣。”

2. 子曰：“性相近也，習相遠也。”

3. 子曰：“惟上知與下愚不移。”

4. 子之武城，聞弦歌之聲。夫子莞爾而笑，曰："割雞焉用牛刀？"子游對曰："昔者偃也聞諸夫子曰：'君子學道則愛人，小人學道則易使也。'"子曰："二三子！偃之言是也，前言戲之耳！"

5. 公山弗擾以費畔，召，子欲往。子路不說，曰："末之也已，何必公山氏之之也？"子曰："夫召我者，而豈徒哉？如有用我者，吾其爲東周乎？"

6. 子張問仁於孔子。孔子曰："能行五者於天下，爲仁矣。""請問之？"曰："恭，寬，信，敏，惠。恭則不侮，寬則得衆，信則人任焉，敏則有功，惠則足以使人。"

7. 佛肸召，子欲往。子路曰："昔者由也聞諸夫子曰：'親於其身爲不善者，君子不入也。'佛肸以中牟畔，子之往也，如之何？"子曰："然。有是言也。不曰堅乎，磨而不磷；不曰白乎，涅而不緇。吾豈匏瓜也哉？焉能繫而不食？"

8. 子曰："由也！女聞六言六蔽矣乎？"對曰："未也。""居！吾語女：好仁不好學，其蔽也愚；好知不好學，其蔽也蕩；好信不好學，其蔽也賊；好直不好學，其蔽也絞；好勇不好學，其蔽也亂；好剛不好學，其蔽也狂。"

9. 子曰："小子何莫學夫《詩》?《詩》，可以興，可以觀，可以，可以怨。邇之事父，遠之事君，多識於鳥獸草木之名。"

10. 子謂伯魚曰："女爲《周南》《召南》矣乎？人而不爲《周南》《召南》，其猶正牆面而立也與？"

11. 子曰："禮云禮云，玉帛云乎哉？樂云樂云，鐘鼓云乎哉？"

12. 子曰："色厲而內荏，譬諸小人，其猶穿窬之盜也與？"

13. 子曰："鄉原，德之賊也。"

14. 子曰："道聽而塗説，德之棄也。"

15. 子曰："鄙夫，可與事君也與哉？其未得之也，患得之。既得之，患失之。苟患失之，無所不至矣。"

16. 子曰："古者民有三疾，今也或是之亡也。古之狂也肆，今之狂也蕩；古之矜也廉，今之矜也忿戾；古之愚也直，今之愚也詐而已矣。"

17. 子曰："巧言令色，鮮矣仁！"

18. 子曰："惡紫之奪朱也，惡鄭聲之亂雅樂也，惡利口之覆邦家者。"

19. 子曰："予欲無言。"子貢曰："子如不言，則小子何述焉？"子曰："天何言哉？四時行焉，百物生焉，天何言哉？"

20. 孺悲欲見孔子，孔子辭以疾。將命者出戶，取瑟而歌，使之聞之。

21. 宰我問："三年之喪，期已久矣。君子三年不爲禮，禮必壞；三年不爲樂，樂必崩。舊穀既沒，新穀既升，鑽燧改火，期可已矣。"子曰："食夫稻，衣夫錦，於女安乎？"曰："安。""女安則爲之。夫君子之居喪，食旨不甘，聞樂不樂，居處不安，故不爲也。今女安，則爲之。"宰我出。子曰："予之不仁也！子生三年，然後免於父母之懷。夫三年之喪，天下之通喪也，予也有三年之愛於其父母乎？"

22. 子曰："飽食終日，無所用心，難矣哉！不有博弈者乎？爲之猶賢乎已。"

23. 子路曰："君子尚勇乎？"子曰："君子義以爲上，君子有勇而無義爲亂，小人有勇而無義爲盜。”

24. 子貢曰：“君子亦有惡乎？”子曰：“有惡：惡稱人之惡者，惡居下流而訕上者，惡勇而無禮者，惡果敢而窒者。”曰：“賜也亦有惡乎？”“惡徼以爲知者，惡不孫以爲勇者，惡訐以爲直者。”

25. 子曰：“唯女子與小人爲難養也，近之則不孫，遠之則怨。”

26. 子曰：“年四十而見惡焉，其終也已。”

微子第十八

1. 微子去之，箕子爲之奴，比干諫而死。孔子曰：“殷有三仁焉。”

2. 柳下惠爲士師，三黜。人曰：“子未可以去乎？”曰：“直道而事人，焉往而不三黜？枉道而事人，何必去父母之邦？”

3. 齊景公待孔子曰：“若季氏，則吾不能；以季、孟之待之。”曰：“吾老矣，不能用也。”孔子行。

4. 齊人歸女樂，季桓子受之，三日不朝，孔子行。

5. 楚狂接輿歌而過孔子，曰：“鳳兮鳳兮！何德之衰？往者不可諫，來者猶可追。已而已而，今之從政者殆而！”孔子下，欲與之言。趨而辟之，不得與之言。

6. 長沮、桀溺耦而耕，孔子過之，使子路問津焉。長沮曰：“夫執輿者爲誰？”子路曰：“爲孔丘。”曰：“是魯孔丘與？”曰：“是也。”曰：“是知津矣。”問於桀溺。桀溺曰：“子爲誰？”曰：“爲仲由。”曰：“是魯孔丘之徒與？”對曰：“然。”曰：“滔滔者天下皆是也，而誰以易之？且而與其從辟人之士也，豈若從辟世之士哉？”耰而不輟。子路行以告。夫子憮然，曰：“鳥獸不可與同羣，吾非斯人之徒與而誰與？天下有道，丘不與易也。”

7. 子路從而後，遇丈人，以杖荷蓧。子路問曰：“子見夫子乎？”丈人曰：“四體不勤，五穀不分，孰爲夫子？”植其杖而芸。子路拱而立。止子路宿，殺雞爲黍而食之，見其二子焉。明日，子路行以告。子曰：“隱者也。”使子路反見之。至，則行矣。子路曰：“不仕無義。長幼之節，不可廢也。君臣之義，如之何其廢之？欲潔其身，而亂大倫。君子之仕也，行其義也。道之不行，已知之矣。”

8. 逸民：伯夷、叔齊、虞仲、夷逸、朱張、柳下惠、少連。子曰：“不降其志，不辱其身，伯夷、叔齊與！”謂“柳下惠、少連，降志辱身矣，言中倫，行中慮，其斯而已矣。”謂“虞仲、夷逸，隱居放言，身中清，廢中權。我則異於是，無可無不可。”

9. 大師*摯適齊，亞飯干適楚，三飯繚適蔡，四飯缺適秦，鼓方叔入於河，播鼗武入於漢，少師陽、擊磬襄入於海。

10. 周公謂魯公曰：“君子不施其親，不使大臣怨乎不以。故舊無大故，則不棄也。無求備於一人。”

11. 周有八士：伯達、伯适、仲突、仲忽、叔夜、叔夏、季隨、季騧。

子張第十九

1. 子張曰：“士見危致命，見得思義，祭思敬，喪思哀，其

* “大師”，刘宝楠《论语正义》写作“太师”。

可已矣。”

2. 子張曰：“執德不弘，信道不篤，焉能爲有？焉能爲亡？”

3. 子夏之門人問交於子張。子張曰：“子夏云何？”對曰：“子夏曰：‘可者與之，其不可者拒之。’”子張曰：“異乎吾所聞：君子尊賢而容衆，嘉善而矜不能。我之大賢與，於人何所不容？我之不賢與，人將拒我，如之何其拒人也？”*

4. 子夏曰：“雖小道，必有可觀者焉；致遠恐泥，是以君子不爲也。”

5. 子夏曰：“日知其所亡，月無忘其所能，可謂好學也已矣。”

6. 子夏曰：“博學而篤志，切問而近思，仁在其中矣。”

7. 子夏曰：“百工居肆以成其事，君子學以致其道。”

8. 子夏曰：“小人之過也必文。”

9. 子夏曰：“君子有三變：望之儼然，即之也温，聽其言也厲。”

10. 子夏曰：“君子信而後勞其民；未信，則以爲厲己也。信而後諫；未信，則以爲謗己也。”

11. 子夏曰：“大德不踰閑，小德出入可也。”

12. 子游曰：“子夏之門人小子，當洒掃、應對、進退，則可矣，抑末也。本之則無，如之何？”子夏聞之，曰：“噫！言游過矣！君子之道，孰先傳焉？孰後倦焉？譬諸草木，區以別矣。君子之道，焉可誣也？有始有卒者，其惟聖人乎？”

13. 子夏曰：“仕而優則學，學而優則仕。”

14. 子游曰：“喪致乎哀而止。”

---

* 此处的“拒之”“拒我”“拒人”，刘宝楠《论语正义》写作“距之”“距我”“距人”。

15. 子游曰："吾友張也爲難能也，然而未仁。"

16. 曾子曰："堂堂乎張也，難與爲仁矣。"

17. 曾子曰："吾聞諸夫子：人未有自致者也，必也親喪乎！"

18. 曾子曰："吾聞諸夫子：孟莊子之孝也，其他可能也。其不改父之臣與父之政，是難能也。"

19. 孟氏使陽膚爲士師，問於曾子。曾子曰："上失其道，民散久矣。如得其情，則哀矜而勿喜。"

20. 子貢曰："紂之不善，不如是之甚也。是以君子惡居下流，天下之惡皆歸焉。"

21. 子貢曰："君子之過也，如日月之食焉：過也，人皆見之；更也，人皆仰之。"

22. 衛公孫朝問於子貢曰："仲尼焉學？"子貢曰："文武之道，未墜於地，在人。賢者識其大者，不賢者識其小者。莫不有文武之道焉。夫子焉不學？而亦何常師之有？"

23. 叔孫武叔語大夫於朝曰："子貢賢於仲尼。"子服景伯以告子貢。子貢曰："譬之宮牆，賜之牆也及肩，窺見室家之好。夫子之牆數仞，不得其門而入，不見宗廟之美，百官之富。得其門者或寡矣。夫子之云，不亦宜乎！"

24. 叔孫武叔毀仲尼。子貢曰："無以爲也，仲尼不可毀也。他人之賢者，丘陵也，猶可踰也；仲尼，日月也，無得而踰焉。人雖欲自絕，其何傷於日月乎？多見其不知量也。"

25. 陳子禽謂子貢曰："子爲恭也，仲尼豈賢於子乎？"子貢曰："君子一言以爲知，一言以爲不知，言不可不慎也。夫子之不可及也，猶天之不可階而升也。夫子之得邦家者，所謂立之斯立，道之斯行，綏之斯來，動之斯和。其生也榮，其死也哀，如之何其可及也？”

堯曰第二十

1. 堯曰：“咨！爾舜，天之歷數在爾躬，允執其中。四海困窮，天祿永終。”舜亦以命禹。曰：“予小子履敢用玄牡，敢昭告于皇皇后帝：有罪不敢赦。帝臣不蔽，簡在帝心。朕躬有罪，無以萬方；萬方有罪，罪在朕躬。”“周有大賚，善人是富。雖有周親，不如仁人。百姓有過，在予一人。”謹權量，審法度，修廢官，四方之政行焉。興滅國，繼絕世，舉逸民，天下之民歸心焉。所重：民、食、喪、祭。寬則得衆，信則民任焉，敏則有功，公則說。

2. 子張問於孔子曰：“何如斯可以從政矣？”子曰：“尊五美，屏四惡，斯可以從政矣。”子張曰：“何謂五美？”子曰：“君子惠而不費，勞而不怨，欲而不貪，泰而不驕，威而不猛。”子張曰：“何謂惠而不費？”子曰：“因民之所利而利之，斯不亦惠而不費乎？擇可勞而勞之，又誰怨？欲仁而得仁，又焉貪？君子無衆寡，無小大，無敢慢，斯不亦泰而不驕乎？君子正其衣冠，尊其瞻視，儼然人望而畏之，斯不亦威而不猛乎？”子張曰：“何謂四惡？”子曰：“不教而殺謂之虐，不戒視成謂之暴，慢令致期謂之賊，猶之與人也，出納之吝，謂之有司。”

3. 孔子曰：“不知命，無以爲君子也；不知禮，無以立也；不知言，無以知人也。”

〖附录3〗

引文及参考书目

《儒藏（精华编）》 儒藏编纂委员会，北京大学出版社，2005年8月第1版

《四书章句集注》（宋）朱熹 编，中华书局，2011年1月第1版

《老子道德经注》（魏）王弼 注，楼宇烈 校释，中华书局，2011年1月第1版

《荀子集解》（清）王先谦 撰，沈啸寰、王星贤 整理，中华书局，2011年1月第1版

《二程集》（宋）程颢、程颐，中华书局，2004年2月第1版

《王阳明集》（明）王守仁，中华书局，2011年1月第1版

《周易大传今注》 高亨，齐鲁书社，1998年4月第1版

《管锥编》 钱锺书，中华书局，1986年6月第2版